미세
플라스틱
수사대

궁금해 07
미세 플라스틱 수사대

1판 1쇄 발행|2020년 1월 29일
1판 5쇄 발행|2024년 4월 29일

지은이|유영진
그린이|이주항
펴낸이|이상배
펴낸곳|좋은꿈
디자인|김수연

등록|제396-2005-000060
주소|경기도 고양시 일산동구 장백로 26, 103동 508호
　　　(백석동, 동문굿모닝힐 1차) (우)10449
전화|031-903-7684 팩스|031-813-7683
전자우편|leebook77@hanmail.net

ⓒ 유영진, 이주항, 좋은꿈 2020

ISBN 979-11-85903-67-5　73400

이 도서의 국립중앙도서관 출판예정도서목록(CIP)은 서지정보유통지원시스템 홈페이지(http://seoji.nl.go.kr)와 국가자료종합목록 구축시스템(http://kolis-net.nl.go.kr)에서 이용하실 수 있습니다.(CIP제어번호: CIP2020000310)

블로그•네이버|www.joeunkoom.com | 인스타그램•leebook77

＊좋은꿈-통68권-2020-제1권

- 책값은 뒤표지에 있습니다.
- 저작인과의 협약에 따라 검인지를 붙이지 않습니다.
- 잘못 만들어진 책은 구입한 서점에서 바꾸어 드립니다.
- 책 내용의 일부 또는 전체를 인용하거나 다시 쓰려면
  반드시 출판사와 저작인의 허락을 얻어야 합니다.

＊본문 자료 사진 중 일부는 픽사베이 이미지 저장소에서 무료로 제공받았습니다.

어린이제품안전특별법에 의한 제품 표시
제조자명 좋은꿈 | **제조년월** 2024년 4월 | **제조국** 대한민국 | **사용연령** 8세 이상

미세 플라스틱 수사대

유영진 글 | 이주항 그림

 책머리에

인류의 큰 재앙, 플라스틱

　우리는 플라스틱 세상에 살고 있어요. 어느 과학자는 인류가 석기 시대, 청동기 시대, 철기 시대를 거쳐 플라스틱 시대에 살고 있다고 표현했어요.

　주위를 둘러보세요. 입고, 먹고, 쓰는 모든 곳에 플라스틱이 있어요. 미세플라스틱 문제가 심각하지만 현대 사회는 플라스틱 없이는 움직일 수 없어요. 때문에 우리는 플라스틱을 잘 사용해야 해요. 과학자들이 자연적으로 분해될 수 있는 생분해성 플라스틱을 연구하고 있지만, 우리는 우리가 할 수 있는 수준에서 미세플라스틱 줄이기에 앞장서야 해요.

　그러기 위해서 미세플라스틱이 어떤 문제를 일으키는지 바로 알아야 해요.

　〈미세플라스틱 수사대〉는 미세플라스틱의 문제점들을 담아 낸 책이에요. 미세플라스틱 수사대가 미세플라

  스틱의 문제점을 찾아내고, 그 문제들을 줄일 수 있는 방법을 찾아나서는 이야기지요.

  미세플라스틱 문제가 널리 알려지기 시작한 지 불과 10여 년밖에 되지 않았어요. 그 전까지만 해도 다양한 모양과 재질로 변신이 가능한 플라스틱은 만능 물질로 여겨졌어요.

  하지만 지금은 달라요. 많은 학자들이 미세먼지보다 미세플라스틱이 인류에게 더 큰 재앙이 될 거라고 경고하고 있어요.

  우리는 어떤 대처를 할 수 있을까요?

  우리 함께 미세플라스틱 수사대원이 되어 오늘날의 위기를 지혜롭게 헤쳐 나가요.

2020년 지은이 유영진

 차 례

편리한 쇼핑, 편리한 생활 ··· 12
편리함만큼 늘어나는 쓰레기
택배 포장 쓰레기의 대안은 없을까?

플라스틱 천국 ··· 18
지구는 왜 플라스틱 천국이 됐을까?
분해되지 않는 플라스틱

쓰레기 산이 만들어지고 있다고 ··· 24
몸살을 앓고 있는 전국의 쓰레기 산
쓰레기 산은 왜 만들어질까?

우리가 버린 쓰레기는 어디로 사라질까 ··· 30
무엇을 소각할까?
신재생에너지에서 미세먼지 주범으로

불법 쓰레기 수출국이라고 ··· 36
미세플라스틱이란?
안전지대 없는 미세플라스틱

믿을 수 없는 쓰레기 섬 ··· 42
쓰레기 섬은 어떻게 만들어질까?
점점 늘어나는 쓰레기 섬

미세플라스틱 수사대 ··· 48
미세플라스틱의 주범 담배꽁초
미세플라스틱이 왜 문제일까?

미세플라스틱 수사대의 편지 ··· 54
지구 곳곳에 남아 있는 플라스틱 쓰레기
재활용이 어려운 유색 페트병

끔찍한 일회용품 천국 ··· 60
휴가철 버려지는 플라스틱 쓰레기
재활용이 안 되는 일회용 컵

쓰레기도 잘 버리면 돈 ··· 66
페트병 회수율을 높이는 보증금 제도
미세플라스틱을 줄이기 위한 세계적 대책

플라스틱 옷을 입고 다닌다고 ··· 72
다양한 플라스틱 섬유
우리가 몰랐던 합성 섬유의 양면성

옷을 향기롭게 하는 미세플라스틱 ··· 78
미세플라스틱 마이크로비즈
미세플라스틱의 재앙을 막아라

식탁 위의 미세플라스틱 ··· 84
플랑크톤의 먹이가 된 미세플라스틱
사람 대변에서도 발견된 미세플라스틱

우주에서 온 생수 ··· 90
수돗물에도 미세플라스틱
해양 생물을 위협하는 플라스틱

미세먼지보다 무서운 미세플라스틱 · · · 96
소금 속 미세플라스틱
침묵의 살인자 미세플라스틱

변화의 바람 · · · 102
물티슈도 플라스틱
가장 많이 사용하는 소재 플라스틱

함께해서 좋은 날 · · · 108
파이로플라스틱
티백에도 미세플라스틱

우리 모두 미세플라스틱 수사대 · · · 114
미세먼지 속 미세플라스틱
생분해성 플라스틱

더 궁금한 이야기 · · · 120

편리한 쇼핑 편리한 생활

"장 볼 거니까 필요한 거 다 적었는지 확인해."

"네!"

용호는 냉장고에 붙은 메모판을 확인했어요.

"시리얼도 사 달라고 해야지."

용호는 메모판에 시리얼을 적었어요.

메모판에는 용호네 식구가 적은 쇼핑 목록들이 가득 적혀 있었어요.

"이제 장 보러 가 볼까."

저녁 식사를 마친 엄마는 냉장고에 붙은 메모판을 가져와 소파에 앉았어요.

"용호야, 엄마 휴대전화 좀 줄래?"

"네."

용호는 엄마에게 휴대전화를 건넸어요. 엄마는 휴대전화를 통해 자주 찾는 마켓에 들어갔어요.

"이번 주는 살 게 많네."

엄마는 소파에 앉아 장보기를 시작했어요.

맞벌이를 하는 용호네 부모님은 일주일에 한 번씩 인터넷 쇼핑을 해요.

"이번 주는 소고기뭇국하고 카레 재료를 사야겠다."

식료품부터 화장지, 샴푸 등 생활용품 대부분을 거의 인터넷 쇼핑으로 해결하지요.

"엄마, 나 깜빡했다."

용호가 방에서 뛰어나오며 말했어요.

"뭘?"

"내일 학교에서 샌드위치 만들기 해요."

"그런데?"

"우리 조에서 제가 샌드위치 햄 가져가기로 했거든요."

준비물을 깜빡한 용호가 멋쩍은 듯 머리를 긁적였어요.

"알았어. 새벽 배송으로 주문할게. 내일 아침 현관 앞에 도착해 있을 테니까 까먹지 말고 가져가."

"네!"

"새벽 배송 없었으면 어쩔 뻔했어. 역시 편리해서 좋다니까."

엄마는 콧노래까지 흥얼거리며 장보기를 마쳤어요.

다음 날 아침, 샌드위치 햄이 무사히 집 앞에 도착해 있었어요. 용호는 비닐팩 포장에 담겨 온 샌드위치 햄을 들고 학교에 갔어요. 그리고 친구들과 맛있게 샌드위치를 만들어 먹었지요.

그날 저녁, 용호는 깜짝 놀랐어요.

딩동!

딩동!

초인종이 울릴 때마다 택배 상자들이 집에 쌓이기 시작했어요. 인터넷 장보기로 주문한 물건들이 하나 둘 도착한 거예요.

퇴근한 엄마는 택배 상자들을 뜯었어요.

"깨지는 것도 아닌데 비닐 충전재는 왜 이렇게 많이 넣었대."

택배 상자를 열 때마다 비닐 충전재, 스티로폼 충전재 등이 가득 쏟아져 나왔고, 어떤 물건은 커다란 상자 안에 작은 상자로 담겨 왔어요.

 엄마는 택배 상자 안의 비닐 충전재를 칼로 찢어 바람을 뺐어요. 아빠는 엄마 옆에서 상자들을 차곡차곡 접었어요.

 배송 물품들 정리가 끝나자 크고 작은 종이 상자와 비닐 봉투, 비닐 충전재, 스티로폼 충전재 등이 가득 쌓였어요.

 편리함 뒤에 쌓인 불편한 진실 앞에 용호는 할 말을 잃었어요.

편리함만큼 늘어나는 쓰레기

한국통합물류협회에 따르면 2018년 평일 기준 하루 평균 859만 개의 택배 물량이 생겼대요. 집에서 편리하게 온라인 쇼핑을 즐기면서 일어난 현상이지요. 온라인 쇼핑은 언제 어디서나 편리하게 쇼핑할 수 있다는 장점이 있지만 택배 물량만큼 쓰레기도 많이 발생한다는 문제가 있어요. 특히 과일, 채소 같은 신선 식품과 냉장·냉동식품 등 주문이 늘어나면서 플라스틱 용기, 비닐 완충재, 스티로폼, 아이스팩 등 각종 플라스틱 쓰레기도 대량으로 늘어났어요.

 **택배 포장 쓰레기의 대안은 없을까?**

　미세플라스틱 문제가 대두되면서 온라인 쇼핑 업체들도 플라스틱 포장재를 줄이기 위한 대안을 찾고 있어요. 포장용 비닐 테이프는 종이테이프로, 비닐 완충재는 종이 완충재로, 화학 성분 때문에 재활용할 수 없는 아이스팩은 화학 성분 없이 물만 넣어 만드는 아이스팩으로 대체하고 있어요.

스티로폼 박스 대체제로 만들어진 은박 박스

플라스틱 천국

"이건 아니야. 정말 이대로는 안 돼!"

용호는 인터넷 쇼핑으로 발생한 쓰레기들에 충격을 받았어요. 미세플라스틱에 대한 심각성을 모를 때는 전혀 문제될 것이 없었지만 지금은 달랐어요.

한 번의 편리한 쇼핑으로 발생한 쓰레기 양이 너무 많았거든요.

"엄마 아빠, 우리 인터넷 쇼핑 줄이는 게 어떨까요?"

"응?"

"왜?"

갑작스런 용호의 말에 엄마, 아빠는 이유를 모르겠다는 표정이었어요.

용호는 현관 옆 창고로 가서 인터넷 쇼핑으로 발생한

쓰레기들을 가지고 왔어요.

"이것 좀 보세요."

"그걸 왜 가져와? 더럽게."

엄마는 인상을 찌푸렸어요.

"이게 오늘 발생한 쓰레기예요. 한 번의 쇼핑으로 생긴 쓰레기가 이렇게나 많아요."

용호의 말에 엄마, 아빠도 심각한 표정이 되었어요. 용호가 요즘 미세플라스틱에 관심을 갖고 있다는 것을 알고 있었기에 용호가 하고자 하는 말이 뭔지 짐작할 수 있었어요.

"종이 상자는 재활용된다고 쳐도 비닐, 스티로폼은 재활용 비율도 낮고 미세플라스틱을 만들어 내잖아요."

"그래, 무슨 얘기인지 알겠어. 하지만 엄마, 아빠도 바쁘잖아. 인터넷 쇼핑을 하면 집에서 좀 더 쉴 수 있고 편리해."

"알아요. 인터넷 쇼핑이 편리하고 좋은 거. 하지만 우리가 편리하자고 지구를 불편하게 할 수는 없잖아요."

용호의 당당한 말투에 엄마, 아빠는 멋쩍은 웃음을 지어 보였어요.

"좋아. 인터넷 쇼핑을 줄여 보자. 좀 불편하지만 불행한 지구에 사는 것보다는 낫겠지. 호호."

엄마가 웃으며 용호 말에 맞장구를 쳤어요.

그날 저녁 용호네 가족은 '플라스틱 사용 안 하기'를 해 보기로 했어요.

"텔레비전 못 보겠다. 텔레비전도 플라스틱, 리모컨도 플라스틱으로 만든 거네."

엄마, 아빠가 웃으며 용호를 놀렸어요.

"엄마, 마스크팩 내려놓으세요."

"왜?"

"마스크팩 담은 비닐 봉투도 플라스틱이잖아요."

"하하하!"

용호와 엄마의 이야기를 듣고 아빠가 웃음을 터뜨렸어요. 고소하다는 듯 엄마를 쳐다봤죠.

"아빠, 휴대전화."

"당신, 휴대전화 내려놔요!"

용호와 엄마가 동시에 아빠 손에 들린 휴대전화를 가리켰어요.

게임에 빠져 있던 아빠는 울며 겨자 먹기로 휴대전화를

내려놔야 했어요.

하나하나 찾다 보니 전등, 냉장고, 반찬 뚜껑, 정수기, 손 세정제 통, 냄비 손잡이, 쟁반, 색연필, 가방, 필통, 옷걸이 등 눈에 보이는 물건마다 플라스틱 성분이 들어 있었어요. 오히려 플라스틱 아닌 것 찾기가 더 어려운 것 같았어요.

용호가 좋아하는 음료수도 플라스틱에 담겨 있고, 숟가락·젓가락 손잡이도 플라스틱으로 되어 있었어요.

자동차, 컴퓨터, 프린터, 책상은 물론이고 밥솥부터 밥주걱까지 플라스틱이 안 들어간 것이 없었어요.

"플라스틱 없이는 못 살겠다."

엄마, 아빠가 한숨을 쉬며 말했어요.

"맞아요. 지구를 떠나지 않는 이상 플라스틱 없이는 못 살 것 같아요."

용호네 가족은 삼십 분도 못 되어 '플라스틱 사용 안 하기'를 취소했어요.

왜 이렇게 많은 곳에 플라스틱이 있을까? 플라스틱이 아닌 다른 것으로 만들면 안 될까? 용호는 또 다른 궁금증이 생겼어요.

지구는 왜 플라스틱 천국이 됐을까?

플라스틱은 열이나 압력으로 모양을 자유롭게 만들 수 있는 화학 물질이에요. 플라스틱은 물놀이 튜브처럼 유연성과 탄력성 있게 만들 수도 있고, 장난감 자동차처럼 단단하게 만들 수도 있어요. 모양이나 형태를 자유자재로 만들 수 있고, 탄력·유연성·강도까지 마음대로 조절할 수 있는 놀라운 물질이에요. 이런 특성 때문에 금속이나 나무로 만들던 물건들이 거의 플라스틱으로 대체되었어요.

분해되지 않는 플라스틱

석유 같은 화학 제품을 원료로 만든 플라스틱은 1907년 처음 만들어졌어요. 불과 100년이 조금 넘었지요. 플라스틱의 특징 중 하나가 반영구적이라는 거예요. 플라스틱이 자연으로 돌아가기까지 500년 이상의 시간이 흘러야 해요. 불에

태워 일부러 없애지 않는 이상 플라스틱은 지구 어딘가에 그대로 남아 있다는 것이지요. 플라스틱은 부서지거나 깨져도 쉽게 분해되지 않고 더 잘게 쪼개져 미세플라스틱이 되어 지구 환경과 우리의 건강을 위협하고 있어요.

쓰레기 산이 만들어지고 있다고

"저게 무슨 나라 망신이야!"

뉴스를 보던 아빠가 얼굴을 찌푸렸어요. 뉴스는 외국 방송에 소개된 우리나라 소식을 전하고 있었어요.

"플라스틱 산이라고요?"

뉴스에 소개된 곳은 경상북도의 한 마을이었어요. 마을에 쓰레기 더미가 쌓여 산을 이뤘다는 소식이었어요.

"저 악취를 어쩔 거야."

"침출수에서 독성 물질도 나올 텐데."

엄마도 뉴스를 보며 안타까워했어요. 용호도 뉴스에서 눈을 뗄 수 없었어요. 어떻게 저런 일이 벌어질 수 있는지 이해가 되지 않았어요.

"쓰레기 산이 저곳에만 있을까요?"

"응?"

용호의 말에 엄마, 아빠가 쳐다봤어요.

"저곳에만 쓰레기 산이 있을까요?"

"글쎄, 다른 곳 얘기는 못 들었는데."

"설마 저런 곳이 또 있겠니? 우리나라 사람들이 얼마나 분리수거를 잘하는데."

아빠도 엄마도 저런 곳은 더 없을 거라며 고개를 저었어요.

"그렇겠죠?"

용호도 쓰레기 산이 더 없을 거라고 믿고 싶었어요. 하지만 쓰레기 산이 더 있을 수 있다는 생각이 드는 사건이 얼마 지나지 않아 발생했어요.

"스티로폼하고 비닐은 당분간 내놓으면 안 되는데요. 관리사무소에서 방송했을 텐데요."

"집에 둘 데가 없어요."

아파트 미화 아저씨가 주민과 실랑이를 벌였어요.

"우선 여기 쌓아 놓으면 되잖아요."

한 사람이 스티로폼과 비닐을 놓고 가자 다른 주민들도 하나 둘 놓고 갔어요.

"아, 이러면 안 되는데."

미화 아저씨는 스티로폼을 한쪽으로 모았어요.

"아저씨, 왜 스티로폼하고 비닐을 내놓으면 안 돼요?"

"업체에서 당분간 수거를 못 한대."

"왜요?"

"단가 문제가 있어서."

"단가요?"

"응. 아파트 주민들이 버린 쓰레기를 쓰레기 수거 업체가 사 가거든. 업체에서는 싸게 가져가고 싶고, 아파트는 좀 더 받고 싶고 그런 거야."

아저씨는 한숨을 쉬며 스티로폼을 정리했어요. 용호는 집에서 가져온 비닐과 스티로폼을 다시 가지고 들어갔어요.

용호는 스티로폼과 비닐 쓰레기를 만들지 않으려고 노력했지만 그럴 수 없었어요. 아이스크림이나 과자 하나만 먹어도 바로 비닐 쓰레기가 만들어졌어요.

"이거 도대체 언제 가져갈 거야? 지저분해서 못 살겠네."

재활용품 단가가 하락하면서 협상이 길어져 2주가 지나도록 스티로폼과 비닐 수거 문제가 해결이 되지 않았어요. 아파트 분리수거장 곳곳에 스티로폼과 비닐이 가

득 쌓여만 갔어요.

용호네 집 베란다에도 스티로폼과 비닐이 쌓여 있었어요.

용호는 쉽게 태울 수도 버릴 수도 없는 비닐과 스티로폼을 보면서, 사람들이 물건을 소비하는 만큼 언제 어디서나 쓰레기 산이 만들어질 수 있다고 생각했어요.

 ## 몸살을 앓고 있는 전국의 쓰레기 산

쓰레기 산은 폐기물들이 산처럼 쌓여 있는 곳을 말해요. 쓰레기 산은 전국 곳곳에 있고, 양도 점점 늘어 가고 있어요. 2019년 2월 환경부는 이렇게 쌓인 불법 폐기물이 120만 톤에 이른다고 발표했어요. 그러면서 이런 불법 폐기물을 2022년까지 처리하겠다고 했어요. 하지만 우리가 쓰레기를 줄이지 않으면 불법 폐기물은 계속 늘어날 거예요.

고철, 비닐, 플라스틱 등이 뒤섞인 폐기물

쓰레기 산은 왜 만들어질까?

폐기물은 가정이나 상가 등에서 만들어진 생활 폐기물과 건설 현장이나 공장 등에서 만들어진 사업장 폐기물로 나뉘어요. 우리가 보통 쓰레기라 부르는 것이 폐기물이지요. 모든 폐기물은 분리배출, 분리수거를 원칙으로 하고 있어요. 그래야 재활용률을 높일 수 있고 자원을 절약할 수 있기 때문이지요. 하지만 재활용으로 분리해서 배출한 폐기물 중 실제 재활용되는 비율은 30퍼센트 정도밖에 되지 않아요. 나머지는 잔존 폐기물로 매립이나 소각되어야 해요. 이런 잔존 폐기물들이 제대로 처리되지 않아 쓰레기 산이 만들어지는 거예요.

우리가 버린 쓰레기는 어디로 사라질까

'우리가 버린 쓰레기는 어디로 가는 걸까?'

용호는 궁금했어요.

"뭘 그렇게 생각해?"

골똘히 생각에 빠진 용호에게 현우가 말을 걸었어요.

"사람들 모두 쓰레기 분리배출 잘하고 재활용 쓰레기 수거도 잘 해 가는 것 같은데 왜 쓰레기 산, 쓰레기 섬이 생길까?"

"그러게. 쓰레기 섬에서 한글이 적힌 우리나라 쓰레기도 발견됐다던데. 어떻게 된 일일까?"

용호와 현우는 분리수거된 쓰레기가 어떻게 처리되는지 궁금했어요.

점심시간, 용호와 현우는 휴대전화 전원을 켰어요. 쓰레기가 어떻게 처리되는지 알고 싶어서 검색을 시작했어요.

"우리가 버린 쓰레기들은 재활용되거나 매립, 소각된다는데."

"무엇이 매립되고 무엇이 소각되는 걸까? 현우야, 나는 재활용에 대해 알아 볼 테니까 너는 매립과 소각에 대해 알아 봐 줘."

용호와 현우는 점심시간이 끝나 가는 줄도 모르고 열심히 검색했어요.

"매립이나 소각은 비슷한데. 우리가 종량제 봉투에 버리는 것들을 매립하거나 소각한대."

"그래?"

"매립장이 있는 곳은 매립하고, 소각장이 있는 곳은 소각하는 것 같아."

"아닌 것 같은데."

"그런 것 같은데…헉!"

점심시간이 언제 끝났는지 선생님이 눈앞에 와 있었어요. 현우는 슬쩍 고개를 돌려 용호를 쳐다봤어요. 용호는 아무것도 모른 채 휴대전화 검색에 빠져 있었어요. 현우는 팔꿈치로 용호를 쳤어요. 그제야 용호도 선생님과 눈이 마주쳤지요.

"너희들 뭐 하고 있는 거니?"

선생님이 차분한 목소리로 물었어요.

"우리가 버린 쓰레기들이 어떻게 처리되는지 궁금해서 검색하고 있었어요."

"그래? 그게 왜 궁금한데?"

선생님의 물음에 용호는 쓰레기 섬, 쓰레기 산 등 쓰레기 문제의 심각성에 대해 이야기했어요.

"좋아. 용호와 현우가 아주 좋은 의문을 갖고 있구나. 그런데 제대로 조사해야 할 것 같아."

선생님은 용호와 현우에게 볼웃음을 지어 보였어요.

"여러분, 종량제 쓰레기봉투 본 적 있어요?"

"네."

"우리 엄마는 마트에서 장 볼 때 종량제 봉투에 담아 와요."

아이들은 모두 종량제 봉투를 봤다고 얘기했어요.

"종량제 쓰레기봉투에 뭐라고 적혀 있는지 봤어요?"

선생님의 물음에 아이들은 고개를 갸웃거렸어요. 쓰레기봉투에 적힌 내용을 읽어 본 적이 없었거든요. 읽어 볼 생각조차 하지 않았지요.

　선생님은 컴퓨터로 뭔가를 검색하더니 교실 텔레비전 화면에 검색한 사진이 나오게 했어요.

　"우리가 쓰는 종량제 쓰레기봉투예요. 쓰레기봉투를 자세히 보면 '소각용', '매립용'이라는 글씨가 쓰여 있어요."

　"어, 그러네? 아무거나 매립하거나 소각하는 게 아니었나 보다."

　현우가 멋쩍은 듯 웃었어요.

　"여러분이 집에서 사용하는 종량제 봉투에 버린 쓰레기들은 대부분 소각용이에요."

　"쓰레기봉투에 저런 게 적혀 있었구나."

　아이들은 종량제 쓰레기봉투가 소각용, 매립용으로 구분되어 있는 것을 처음 알았어요.

　우리가 쉽게 쓰고 버리는 모든 쓰레기들은 땅속에 매립되어 오염 물질을 배출하거나, 소각되어 미세먼지를 배출시키는 셈이었어요.

　내 곁에서, 우리 집에서 배출되어 사라진다고 해서 쓰레기가 우리를 위협하지 않는 게 아니었지요.

 **무엇을 소각할까?**

　가정에서 종량제 쓰레기봉투에 버리는 일반 쓰레기들은 대부분 소각되어요. 쓰레기봉투를 살펴보면 '소각용'이라는 글씨가 쓰여 있을 거예요. 소각용 쓰레기봉투에는 불에 타는 쓰레기만 버려야 해요. 플라스틱이나 비닐, 도자기, 유리, 캔, 음식물 쓰레기 같은 것들은 소각용 쓰레기봉투에 버리면 안 돼요.

 **신재생에너지에서 미세먼지 주범으로**

　폐플라스틱 활용 방법 중 하나가 고형 연료(SRF)를 만드는 거예요. 고형 연료는 폐비닐, 폐타이어, 폐플라스틱 같은 여러 폐기물을 분쇄하여 불에 타기 쉬운 물질을 걸러 내 만든 연료예요. 고형 연료는 한때 신재생에너지라 불리며 발전소

나 제지, 시멘트 업체 등에 판매되었어요. 하지만 폐플라스틱 등을 이용해 만든 고형 연료를 태울 때 각종 중금속이 포함된 미세먼지가 발생한다는 사실이 밝혀져 지금은 사용량이 줄었어요. 그래서 폐플라스틱 활용이 제대로 안 이뤄져 쓰레기 산이 만들어지고 있어요.

불법 쓰레기 수출국이라고

"야, 너희 조는 쓰레기 탐정단이 되었네. 히히!"

선생님이 조별 과제를 내 주었는데 용호네 조는 쓰레기가 주제였어요. 수업이 시작된 줄도 모르고 쓰레기 조사에 빠져 있던 용호와 현우 덕분이었어요.

"미안하게 됐다."

"나도."

용호와 현우가 조원들에게 미안한 마음을 전했어요.

"괜찮아. 나도 쓰레기에 대해 관심 있었어."

평소 새침하게 굴던 서현이가 말했어요.

"어차피 이렇게 된 거 잘해 보자."

예지도 시원스레 웃어 보였어요.

"이게 뭐야?"

첫 모임 날 예지가 찾아 온 기사가 모두를 놀라게 했어요. 기사에는 '한국, 불법 쓰레기 수출국'이라는 제목이 붙어 있었어요.

용호와 현우, 서현이는 돌아가며 그 기사를 읽었어요.

"이게 정말 사실이야?"

마지막으로 기사를 읽은 서현이는 믿을 수 없다는 표정이었어요.

"응. 창피한 일이지만 사실이야."

기사 내용은 우리나라 재활용 업체들이 재활용 가능한 페플라스틱이라고 속이고 필리핀에 쓰레기를 불법으로 수출했다는 내용이었어요.

"어떻게 이럴 수가 있지? 남의 나라에 쓰레기를 버린 거잖아."

"저게 어떻게 재활용 쓰레기야."

용호와 현우는 주먹을 불끈 쥐며 말했어요.

필리핀으로 수출된 쓰레기에는 페플라스틱만 있는 것이 아니라 기저귀, 비닐, 건전지, 의

료 폐기물, 전자제품 등 온갖 쓰레기들이 마구 뒤섞여 있었어요. 도저히 재활용할 수 없는 더러운 상태로요.

"왜 이런 일이 벌어진 걸까? 우리가 버린 쓰레기들은 재활용되거나 매립, 소각되잖아."

서현이가 기사를 내려놓으며 말했어요.

"그런데 필리핀은 왜 폐플라스틱을 수입한 걸까? 폐플라스틱으로 무얼 하려고?"

예지는 폐플라스틱에 대해 궁금해졌어요. 친구들은 휴대전화를 들고 폐플라스틱에 대해 조사하기 시작했어요.

"폐플라스틱으로 재생 플라스틱을 만든대. 버려진 플라스틱으로 다시 플라스틱을 만드는 거지."

"그래서 우리가 쓰레기를 분리배출 하는 거구나!"

분리수거가 끝이 아니었네…

우리나라 재활용률이 이럴 수가!

"우리가 분리배출 해서 버린 쓰레기들은 폐기물 재활용 업체로 간대."

아이들은 저마다 찾은 내용을 말하며 중요한 내용들을 적어 나갔어요.

"우리가 버린 쓰레기도 자원인

데 우리나라는 자원 재활용을 잘 못 하는 것 같아."

서현이는 자신이 찾은 기사를 내밀었어요. 기사는 우리나라 플라스틱 재활용률이 다른 나라에 비해 떨어진다는 내용이었어요.

"재활용률도 낮지만 우리나라 사람들은 플라스틱을 너무 많이 사용해."

"이렇게 버려진 플라스틱이 미세플라스틱을 만든다는데, 왠지 미세먼지만큼 위험할 것 같아."

조별 과제를 마친 아이들은 미세플라스틱에 관심을 갖게 됐어요.

"이대로는 안 되겠다. 하자 우리."

"뭘?"

"미세플라스틱 수사대! 쓰레기 탐정단보다는 그럴듯하지 않아?"

 미세플라스틱이 궁금해

 미세플라스틱이란?

　미세플라스틱은 5밀리미터 미만의 작은 플라스틱을 말해요. 세정제 같은 것에 쓰이기 위해 처음부터 5밀리미터 미만으로 작게 만들어진 1차 미세플라스틱과, 일반 플라스틱이 쪼개져 만들어지는 2차 미세플라스틱이 있어요. 일반 플라스틱이 바람, 파도, 자외선 등에 의해 풍화되어 미세플라스틱이 되는 거예요.

분홍, 파랑 알갱이가 세제에 섞인 미세플라스틱

안전지대 없는 미세플라스틱

지구상에 미세플라스틱 안전지대는 없어요. 청정 지대라고 생각했던 빙하에서도 미세플라스틱이 발견됐어요. 미세플라스틱이 해류를 따라 흐르며 빙하에 쌓인 거예요. 전 세계 바다에는 무려 5조 개 이상의 미세플라스틱이 떠다닌다고 해요. 지구에서 가장 깊은 바다로 꼽히는 마리아나 해구의 심해 새우에서도 미세플라스틱이 발견됐어요. 세계인들이 미세플라스틱을 줄이기 위해 노력하지 않는다면 2030년에는 지금보다 2배 이상 많은 미세플라스틱이 바다를 떠돌아다니고, 결국 그 피해는 먹이사슬 최상위에 있는 사람이 입게 될 거예요.

믿을 수 없는 쓰레기 섬

"이게 뭐지?"

휴대전화로 동영상을 보던 용호의 눈이 휘둥그레졌어요.

"세상에 뭐 이런 나라가 있지?"

용호는 동영상에 푹 빠져 눈을 떼지 못했어요.

"용호야, 밥 먹자."

엄마의 얘기도 들리지 않았어요.

"용호야, 수저 놓자."

아빠의 목소리에도 반응이 없었어요.

"용호야."

"네?"

화가 난 듯한 아빠의 한마디에 용호는 휴대전화를 손에서 내려놓았어요.

"뭘 보느라 부르는 소리도 못 들어?"

"죄송해요. 그런데 너무 놀라운 걸 봐서요."

용호는 입이 근질거렸어요.

"말해 봐. 뭔데?"

"쓰레기 섬나라 들어 보셨어요?"

"쓰레기 섬나라? 그런 나라는 처음 듣는데."

엄마, 아빠 모두 처음 듣는다며 고개를 저었어요.

"북태평양에 쓰레기 섬나라가 있대요."

"나라 이름이 쓰레기 섬나라야?"

"네."

"무슨 나라 이름이 쓰레기 섬나라야? 말도 안 돼."

엄마가 손사래를 쳤어요.

"정말이에요. 유엔(국제연합)에 등재한 가상의 국가예요."

"가상의 국가?"

"북태평양 바다에 쓰레기들이 모여 섬을 이룬 곳이 있는데, 그곳을 쓰레기 섬이라 부르고 유엔에 가상의 국가로 등재했대요."

"정말?"

"네. 가상 국가지만 법령도 있고, 여권도 있고, 화폐도 있대요."

"처음 듣는 얘기네."

엄마, 아빠는 재미난 얘기라며 웃었어요.

"그런데 화폐에 뭐가 그려져 있는지 아세요?"

"글쎄, 화폐에는 보통 그 나라 역사 인물이나 문화재가 그려지는데…."

"혹시 쓰레기?"

아빠가 고민하는 사이 엄마가 정답을 말하듯 큰 소리로 외쳤어요.

"맞아요, 쓰레기."

"우와, 내가 맞혔다."

엄마가 웃으며 아빠를 약올렸어요. 아빠는 선수를 빼앗겼다는 듯 장난스레 억울한 표정을 지었어요.

"화폐에 쓰레기 때문에 고통받는 해양 동물들 그림이 그려져 있어요."

용호의 말에 엄마, 아빠는 웃음을 그쳤어요.

"그곳에 수많은 플라스틱 쓰레기들이 모여 있대요. 한글이 쓰인 우리나라 플라스틱 쓰레기도 발견됐대요."

"어머, 세상에…."

"그 나라에 국민도 있대요."

"쓰레기 섬에 사람이 산다고?"

"그런 곳에서 어떻게 살아?"

엄마, 아빠는 믿을 수 없다며 고개를 저었어요. 얼마 전 스티로폼과 비닐 쓰레기 수거 거부 때 집에 쌓인 쓰레기만 봐도 머리가 지끈지끈 아팠는데 어떻게 사람이 쓰레기 섬에 살겠어요.

"실제 사람이 사는 것은 아니고요, 쓰레기 섬나라에 국민으로 등록하고 환경운동을 펼치는 사람들이 있대요."

"아, 그렇구나."

"용호야, 그게 어떤 영상이니? 같이 보자."

엄마, 아빠는 용호가 보던 동영상을 처음부터 봤어요.

깨끗한 바다 한가운데 쓰레기들이 모여 섬을 이룬 동영상은 생각했던 것보다 더 큰 충격이었어요.

플라스틱 빨대가 콧구멍에 박혀 고통스러워하는 바다거북의 모습에 엄마, 아빠는 눈을 질끈 감았어요.

바다에 모인 플라스틱 쓰레기가 미세플라스틱이 되고, 해양 생물들의 먹이가 된다는 내용을 보며 용호네 가족은 플라스틱 쓰레기 문제의 심각성을 다시 한번 깨달았어요.

쓰레기 섬은 어떻게 만들어질까?

쓰레기 섬은 환류가 흐르는 곳에 만들어졌어요. 환류란 바람, 마찰력, 지구 회전 등의 이유로 만들어진 해류를 말해요. 쉽게 말해서 소용돌이 형태로 회전하는 큰 규모의 해류를 말하지요. 사람들이 직접 바다에 버린 쓰레기, 바다로 흘러간 육지 쓰레기 등이 해류를 타고 순환하다 모이고 쌓여 쓰레기 섬이 만들어진 거예요.

지구에는 크게 5개의 환류가 있어요. 북태평양 환류, 북대서양 환류, 인도양 환류, 남태평양 환류, 남대서양 환류 이 다섯 가지가 대표적인 해양 환류예요. 그중에서 북태평양 환류는 가장 큰 환류로, 바다에 만들어진 쓰레기 섬 중 가장 큰 섬도 바로 북태평양에 만들어져 있어요. 그 크기는 점점 커져서 2018년에 이미 남한 면적의 15배가 넘었답니다.

북태평양 환류 말고도 북대서양 환류, 인도양 환류, 남태평양 환류, 남대서양 환류가 흐르는 곳에도 쓰레기 섬이 있는데 그 크기가 점점 커지고 있어요.

미세플라스틱이 궁금해 47

미세플라스틱 수사대

용호와 친구들은 미세플라스틱 수사대를 결성하고 활동에 나서기로 했어요.

토요일 아침 미세플라스틱 수사대원들은 집게와 쓰레기봉투를 들고 아파트 정문 앞에 모였어요.

"준비됐지?"

"응."

"미세플라스틱 수사대 출동!"

아이들은 큰 소리로 외쳤어요.

"아파트 단지 안은 청소가 잘 되어 있네."

"그러게. 쓰레기가 안 보여."

아이들은 아파트 단지 밖으로 나갔어요.

"와, 지저분하다."

"우리 여기서 헤어져 한 시간 뒤에 다시 정문에서 보자."

횡단보도를 사이에 두고 예지와 서현이는 오른쪽으로, 용호와 현우는 왼쪽으로 갔어요.

"담배꽁초야."

"여기도."

예지와 서현이는 거리에 버려진 담배꽁초를 쉽게 발견할 수 있었어요.

"그래도 큰 쓰레기는 생각보다 많지 않네."

"그러게."

예지와 서현이는 길을 따라 걸으며 쓰레기를 주웠어요.

"이게 언제 버려진 쓰레기일까?"

친구들과 반대 방향으로 간 용호와 현우는 녹이 슨 캔을 발견했어요.

아파트 단지 앞으로 흐르는 작은 실개천 쪽으로 향한 용호와 현우 눈에 언제 버려졌는지 모를 오래된 쓰레기들이 들어왔어요.

"물속에도 있어."

용호와 현우는 신발과 양말을 벗고 물속으로 들어갔어요.

물속에는 캔, 플라스틱, 비닐 등 각종 쓰레기들이 널

브러져 있었어요.

"너희 왜 그래?"

바지가 흠뻑 젖은 채 나타난 용호와 현우를 보고 예지와 서현이가 놀라 물었어요.

"쓰레기도 한가득이네?"

"그러게. 우리는 생각보다 많이 못 주웠는데."

"저쪽 개울가에 온갖 쓰레기들이 널려 있더라고."

"그쪽은 많은 사람들이 산책하는 곳인데."

"산책하며 먹던 음료수 병이나 과자 봉지 등을 그냥 버렸나 봐."

아이들은 쓰레기 문제의 심각성을 다시금 실감하며 공터로 향했어요.

아이들은 주워 온 쓰레기들을 쏟고 분리수거를 시작했어요.

"역시 거의 다 플라스틱 쓰레기야."

"이런 것들이 제대로 분리수거됐으면 다 자원이 됐을 텐데."

자전거 바퀴, 음료수 병, 생수병, 일회용 숟가락 등 각종 쓰레기들을 보며 아이들은 안타까워했어요.

"그래도 길거리는 깨끗한 편이었어. 담배꽁초가 많아서 그렇지."

"개울가에도 담배꽁초가 많았어. 물 속에도, 풀숲에도 마구 버렸더라고."

아이들은 길거리에 플라스틱 쓰레기가 많지 않다는 것에 조금은 안심했어요.

하지만 정말 안심해도 될까요? 담배꽁초는 그냥 길거리에 버려져도 되는 걸까요?

미세플라스틱의 주범 담배꽁초

　길거리에서 흔하게 볼 수 있는 담배꽁초에도 플라스틱이 들어 있어요. 담배에는 필터가 있는데, 그것이 플라스틱 성분으로 되어 있어요. 세계보건기구(WHO)에 따르면 담배의 3분의 2가 길거리에 버려진대요. 한 해 무려 420억 개비 이상의 담배꽁초가 길에 버려지는 것이지요. 길거리뿐만 아니라 해양 쓰레기의 3분의 1도 담배꽁초예요. 담배에 들어 있는 필터는 일반 플라스틱보다 잘 쪼개져 미세플라스틱을 만들어요. 길에 버려진 담배꽁초는 사람들에게 밟혀 쪼개지고, 빗물 등에 쓸려 배수구 같은 곳으로 흘러 들어가 강과 바다에서 미세플라스틱을 만들어 내요.

노랗게 보이는 부분이
미세플라스틱의 주범인
담배 필터

미세플라스틱이 왜 문제일까?

플라스틱은 석유로 만든 화학 제품이에요. 플라스틱을 만들면서 모양을 내거나 색을 입히며 각종 화학 성분이 첨가돼요. 쉽게 분해되지 않는 플라스틱의 특성 때문에 미세플라스틱으로 쪼개지면서 플라스틱 속 화학 성분들이 환경호르몬이나 독성을 배출하면서 땅·바다 등 지구 곳곳에 계속 쌓이게 돼요.

인체에 들어올 경우 분해되지 않고 축적되어 질병을 일으킬 수도 있어요. 또한 플라스틱에서 배출된 화학 물질이 서로 결합하며 또 다른 독성 물질을 만들기도 해요.

미세플라스틱 수사대의 편지

한 학기가 끝나고 책거리가 있던 날이었어요. 아이들이 저마다 과자와 음료수를 가지고 왔어요. 어떤 친구들은 치킨너겟이나 과일, 샌드위치 등을 가지고 오기도 했어요.

"우와, 맛있겠다!"

조별로 음식을 모아 놓으니 멋들어진 한 상 차림이 되었어요.

아이들은 음식을 나눠 먹으며 장기자랑을 선보였어요. 선생님도 기분 좋게 노래 한 곡을 불렀어요. 춤을 잘 추는 친구들은 선생님 노래에 맞춰 춤을 추기도 했지요.

그렇게 흥겨운 책거리가 끝나자 아이들은 소리를 질러 댔어요.

"야호, 방학이다!"

아이들이 하나 둘 빠져나간 교실 쓰레기통에는 쓰레기들이 가득 흘러넘쳤어요.

"이게 다 뭐냐?"

교실에 남아 회의를 하던 미세플라스틱 수사대원들은 깜짝 놀랐어요.

"정리하자."

용호와 현우가 앞장서 쓰레기통을 정리하기 시작했어요.

"같이 해."

예지와 서현이도 함께 쓰레기를 정리했어요.

과자 포장지와 음료수 병, 일회용 접시와 지퍼팩 같은 것들이었어요.

"우리가 할 일이 생각났어."

용호의 말에 친구들 모두 "나도." 하고 외쳤어요.

쓰레기 정리를 마친 수사대원들은 교실에 남아 편지를 쓰기 시작했어요.

"나는 음료수 업체에 쓸게."

"나는 제과 업체."

"나는 생수 업체."

용호, 현우, 서현이가 각자 한 곳씩 맡았어요.

"나는 친구들에게 쓸게."

예지의 말에 아이들이 의아한 표정으로 쳐다봤어요.

"친구들한테는 왜?"

"이거 다 친구들이 가져온 거잖아. 업체들이 플라스틱 쓰레기 생산을 줄이는 것도 중요하지만 소비자들이 사용량을 줄이는 것도 중요하잖아."

"좋은 생각이다!"

아이들은 예지에게 박수를 쳐 주었어요.

용호는 음료수 업체에 재활용이 어려운 유색 페트병을 무색 페트병으로 바꿔 달라고 썼어요.

"생분해성 용기로 바꿔 달라는 내용도 적자."

생수 업체에 편지를 쓰던 현우가 용호의 편지 내용을 보고 말했어요.

"그래. 지금 당장은 어렵더라도 생분해성 용기로 바꿔 달라고 써야겠다."

용호와 현우는 일정 시간이 지나면 미생물 등에 의해 자연적으로 분해되는 생분해성 용기로 바꿔 달라는 내용에 빨간색으로 별표까지 했어요.

"나는 과대 포장을 줄여 달라고 썼어."

제과 업체에 편지를 쓰던 서현이가 말했어요.

"우리나라 과자는 비닐 포장에 종이 상자 등 이중으로 많이 포장하잖아. 그런데 전에 엄마가 외국 과자를 사 왔는데 종이 상자 안에 그냥 과자가 들어 있더라."

"맞아. 내가 먹은 것은 쿠키였는데 비닐에만 들어 있었어. 플라스틱 용기를 안 썼더라고."

"재활용이 가능한 캔에 든 과자도 있잖아."

아이들은 과대 포장을 줄이는 것도 플라스틱 사용을 줄이는 좋은 방법이라고 생각했어요.

"예지야, 너는 뭐라고 썼어?"

"나는 우리가 정리한 쓰레기 사진을 첨부해서 보낼 거야. 각자 버릴 때는 적은 양이었지만 모아 놓으니 엄청 많았잖아. 그것처럼 한 사람 한 사람이 적은 양이라도 플라스틱 쓰레기를 줄여 나간다면 많은 양의 플라스틱 쓰레기를 줄일 수 있을 거라고 썼어."

"맞아. 생산을 줄이는 가장 좋은 방법은 소비를 줄이는 거야."

미세플라스틱 수사대 친구들은 서로를 보며 파이팅을 외쳤어요.

 지구 곳곳에 남아 있는 플라스틱 쓰레기

2017년 미국 캘리포니아 연구팀이 전 세계 플라스틱 생산과 사용에 대해 조사한 내용을 발표했어요. 1950년부터 2015년까지 만들어진 플라스틱 중 9.5퍼센트만 재활용되었다는 내용이었어요. 나머지 90.5퍼센트 중 12.7퍼센트는 소각되고, 77.8퍼센트는 쓰레기로 버려진 거예요. 1950년부터 2015년까지 약 83억 톤의 플라스틱이 생산됐고, 그중 25억 톤은 사용 중이고, 8억 톤은 소각되고, 6억 톤만 재활용된 셈이에요. 나머지 49억 톤은 지구 어딘가에 방치되어 지구를 아프게 하고 있어요.

재활용이 어려운 유색 페트병

　페트병을 보면 투명한 것과 색이 입혀진 것이 있어요. 투명 페트병은 색을 입히지 않았기 때문에 재활용 범위가 넓고 재활용하면 품질도 좋게 나와요. 하지만 유색 페트병은 선별하고 처리하는 과정이 어렵고 재활용 품질도 떨어져 재활용률이 낮아요. 비닐봉투도 투명이나 흰색은 재활용이 쉽지만, 검정 같은 유색 비닐봉투는 별도로 색소 분리 과정을 거쳐야 하기 때문에 재활용하지 않고 소각하거나 매립해요.

미세플라스틱이 궁금해

끔찍한 일회용품 천국

한 달여 간의 여름방학이 시작됐어요. 신나는 바다 여행도 시작됐지요.

"야, 바다다!"

용호는 바다를 향해 달려갔어요. 파도가 일렁이며 반겨 주었어요. 오리 튜브를 끌어안고 신나게 물놀이를 했어요.

"이게 뭐지?"

용호는 발에 뭔가 걸리는 느낌을 받았어요. 용호는 잠수를 해서 발에 걸린 것을 떼어 냈어요. 그것은 비닐이었어요.

비닐을 바닷속에 두고 올 수 없어 비닐을 들고 물 밖으로 나왔어요.

"엄마, 아빠가 어느 쪽에 있더라?"

똑같은 모양의 파라솔 사이에서 엄마, 아빠를 찾을 수

가 없었어요. 한 손에는 튜브를, 한 손에는 바다에서 건진 비닐을 든 용호는 조심스럽게 해안가를 걸었어요.

엄마, 아빠를 찾아 가는 동안 용호가 본 것은 수많은 사람들과 그보다 많은 일회용품들이었어요.

일회용 플라스틱 그릇, 숟가락, 포크, 생수병 등 각종 플라스틱들이 파라솔 곳곳에서 눈에 띄었어요.

"저 플라스틱 쓰레기들은 어떻게 될까?"

용호는 걱정을 하며 엄마, 아빠를 찾았어요.

같은 시간 현우도 바다에 있었어요. 용호와 다른 바다였지만 현우도 수많은 일회용품과 플라스틱 쓰레기들을 보았어요.

해가 지자 사람들은 하나 둘 자리를 떠났어요. 쓰레기는 그대로 남겨 둔 채였어요. 분리수거해서 쓰레기를 들고 가는 사람은 거의 없었어요. 음식 찌꺼기가 그대로 묻거나 남겨진 채 버려진 각종 플라스틱 용기들이 해변에 나뒹굴었어요.

산으로 캠핑을 간 예지가 본 것도 마찬가지였어요. 많은 사람들이 일회용 나무젓가락과 플라스틱 숟가락을 사용하고 그대로 버렸어요. 캠핑장 화장실 옆 쓰레기장에는 각종 쓰레기들이 방치되어 있었어요.

"음식물을 헹구지 않고 버리면 재활용이 힘들다는데…."

예지는 음식물이 그대로 묻은 채 버려진 쓰레기들을 보며 안타까워했어요.

워터파크로 간 서현이가 본 것도 마찬가지였어요.

음식들은 일회용 종이 봉투나 종이 포장 용기·플라스틱 포장 용기 등에 담기고, 음료는 일회용 종이컵이나 플라스틱 컵에 담겨져 나왔어요. 숟가락, 포크 같은 것도 모두 플라스틱이었어요. 플라스틱 쓰레기를 만들지 않고는 아무것도 먹을 수 없었어요.

"엄마, 빨대 없어도 돼요."

빨대는 재활용이 안 된다는 사실을 알게 된 서현이는 앞으로 빨대를 쓰지 않겠다고 다짐했어요.

"엄마, 다음부터는 음식 싸 가지고 와요."

"안 돼. 여기는 음식 못 싸 와. 다 사 먹어야 해."

엄마의 말에 서현이는 깜짝 놀랐어요. 주위를 둘러보니 워터파크 안에 수많은 사람들이 있었어요.

'저 사람들은 알고 있을까? 자기도 모르게 미세플라스틱을 만들어 내고 있다는 것을.'

 ## 휴가철 버려지는 플라스틱 쓰레기

여름이 되면 많은 사람들이 바닷가를 찾아요. 우리나라 사람들이 많이 찾는 해수욕장 가운데 하나인 해운대 해수욕장의 경우 하루 평균 3톤의 쓰레기가 발생해요. 피서객이 많이 몰릴 때는 하루에 10톤 가까운 쓰레기가 발생하기도 해요.

일회용 숟가락, 젓가락, 포크, 포장 용기부터 맥주병, 돗자리, 담배꽁초, 음식물 등 다양한 쓰레기들이 날마다 버려지지요. 대부분 플라스틱 쓰레기들이에요.

해변에 버려진 쓰레기들

재활용이 안 되는 일회용 컵

우리가 쉽게 쓰고 버리는 종이컵도 재활용이 안 돼요. 종이컵 안에는 얇은 폴리에틸렌이 씌워져 있어요. 종이로 만든 컵에서 액체가 새지 않도록 하기 위해 폴리에틸렌을 입힌 거예요. 폴리에틸렌은 플라스틱이에요. 때문에 종이컵을 재활용하려면 폴리에틸렌을 벗겨 내야 해요. 그 과정이 쉽지 않아 종이컵 재활용 비율은 1퍼센트밖에 되지 않아요. 종이컵이 버려지면 미세플라스틱이 발생하고, 종이컵을 소각하면 미세먼지가 발생해요. 그러므로 종이컵을 사용하지 않는 것이 좋아요.

쓰레기도 잘 버리면 돈

"애들아, 이것 좀 봐."
예지가 미세플라스틱 수사대 앞에 편지를 내밀었어요.
"웬 편지야?"
"다들 읽어 봐."
예지의 말에 친구들이 편지를 펼쳤어요.
"우리 반 친구들이잖아!"
"아이들한테 답장이 왔어. 방학 시작하고 며칠 뒤부터 우리 집 우편함에 이렇게 답장이 오고 있어."
예지가 들떠서 말했어요. 용호와 현우, 서현이도 왠지 모르게 가슴이 뛰고 설렜어요.

편지는 미세플라스틱 문제에 대해 알려 줘서 고맙다는 내용부터 쓰레기를 함부로 버리고 와서 미안하다는 내용, 미세플라스틱 수사대에 동참하고 싶다는 내용까지 다양했어요.

"이것 좀 봐."

예지가 사진 한 장을 내밀었어요.

"지호네?"

용호가 사진 속 지호를 발견하고 말했어요.

"사진 뒷면을 봐."

사진 뒷면에는 지호가 쓴 편지가 적혀 있었어요.

가족들과 어린이대공원에 갔다가 쓰레기 수거 자판기를 봤다며 이런 자판기가 많이 설치돼서 쓰레기 재활용률이 높아졌으면 좋겠다는 내용이었어요.

"와, 쓰레기 모으는 재미도 있고 좋겠다."

"응. 모은 쓰레기만큼 포인트를 주는데, 현금처럼 쓸 수 있대."

"쓰레기 버리고 돈도 모을 수 있는 거네."

"이것도 봐. 우협이가 보내 온 자료야."

"이런 제도가 있었어?"

"몰랐지?"

"응. 나는 우유 마시고 우유팩 그냥 버렸거든."

우협이가 쓴 편지에는 종이팩을 모아 동사무소에 가져가면 휴지로 바꿔 준다는 정보가 담겨 있었어요.

"이런 것은 당장 실천할 수 있겠다."

"우유팩도 아무렇게나 버리면 미세플라스틱이 발생하잖아."

모든 종이팩에는 액체가 새지 않도록 폴리에틸렌 코팅이 되어 있다는 것을 알고 있는 수사대원들은 서로를 보며 고개를 끄덕였어요.

"이건 재서가 보내 온 자료야."

"해외 사례네."

자료에는 터키 지하철에 설치된 쓰레기 자판기 사진이 실려 있었어요.

"우와, 이거 멋지다."

"왜, 어떤 내용인데?"

서현이가 빨리 읽어 보라며 재촉했어요.

"사진 속 쓰레기 자판기에 페트병이나 알루미늄캔을 넣고 교통카드를 대면 내가 버린 쓰레기 금액만큼 자동 충전이 된대."

"쓰레기를 많이 모으면 지하철을 공짜로 타겠네?"

"그럼 터키 사람들은 다 공짜로 지하철 타는 거 아니야? 히히."

"시범적으로 설치된 거래."

"우리나라에도 시범적으로 문을 연 쓰레기 마트가 있어."

"쓰레기 마트?"

"응. 자판기처럼 생긴 자원순환 회수로봇에 빈 페트병이나 빈 캔을 넣으면 포인트가 쌓이고, 그 포인트로 마트에서 상품을 구매할 수 있대."

"좋다. 우리나라뿐만 아니라 다른 나라도 시범적으로 운영되고 있는 쓰레기 자판기가 사람들의 사랑을 받아서 계속 운영되면 참 좋겠다."

"우리 쓰레기 마트 가 보자. 쓰레기 모아서 말이야."

"좋아, 친구들한테도 같이 가자고 하자."

수사대원들은 미세플라스틱의 위험성을 알수록 무서워졌어요. 쉽게 해결할 수 있는 것이 하나도 없다고 느껴졌거든요. 하지만 함께 문제를 해결할 친구들이 늘어간다는 것에 힘이 났어요. 함께 마음을 모으면 작은 바람도 큰 바람이 되어 세상을 변화시킬 수 있으니까요.

페트병 회수율을 높이는 보증금 제도

　유럽에서는 캔과 페트병에 보증금 제도를 시행하고 있어요. 보증금은 0.25유로 정도 하는데, 우리나라 돈으로 약 320원이에요. 캔, 페트병에 든 음료를 사려면 보증금만큼 돈을 더 주고 사야 하는 거예요. 대신 나중에 캔과 페트병을 반납하면 보증금을 돌려받을 수 있어요. 유럽은 이런 제도 덕분에 페트병 회수율이 95퍼센트 정도 된다고 해요. 우리나라도 2018년 12월 캔과 페트병에 대해 보증금 제도를 도입하자는 내용의 법안이 국회에 제출됐어요.

미세플라스틱을 줄이기 위한 세계적 대책

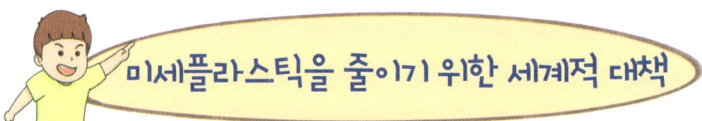

　2018년 7월 기준으로 192개 유엔 회원국 중 127개국이 비닐봉지 규제 정책을 펼치고 있어요. 아프리카 르완다와 케냐 등은 비닐봉지 사용을 범죄로 규정해 형사 처벌을 하기

도 해요. 유럽 의회는 2021년부터 빨대와 식기 등 10개 품목에 플라스틱 사용을 금지하는 법안을 채택했어요. 우리나라도 2019년 1월부터 대형 마트와 165제곱미터 이상의 슈퍼마켓, 제과점 등에서 비닐봉지 사용을 규제하고 있어요. 또한 2021년까지 모든 생수와 음료수 페트병을 재활용이 쉬운 무색으로 바꾸기로 했어요.

재활용이 되지 않는 플라스틱 빨대

플라스틱 옷을 입고 다닌다고

방학 동안 키가 부쩍 큰 용호는 엄마와 함께 쇼핑을 갔어요.

"살 좀 빼야겠다. 바지가 허리는 안 맞고, 길이는 길다."

"살이 다 키로 간다고 잘 먹으라고 할 때는 언제고요."

용호는 엄마를 보며 입을 삐죽였어요.

"그래도 많이 컸어."

엄마가 용호 머리를 쓰다듬었어요.

"청바지 살까?"

"고객님, 이거 어떠세요?"

점원이 바지를 들고 다가와 말했어요.

"이번에 새로 나온 상품인데요, 아주 편해요. 신축성도 좋고, 여름에 입기 편리하게 통기성도 좋아요."

"그래요?"

"네. 활동성이 좋아서 학생들한테 인기가 많아요."

"활동성 좋은 옷이 최고죠."

엄마는 옷을 이리저리 살폈어요.

"용호야, 한번 입어 봐."

"네."

용호는 옷을 들고 탈의실로 갔어요.

"엄마, 이 옷 정말 편해요. 이것 보세요."

용호는 앉았다 일어섰다 하며 바지의 신축성이 좋다는 것을 보여 줬어요.

"남자애들은 활동량이 많아서 신축성이 좋아야 하는데, 괜찮다."

엄마는 바지가 마음에 들었어요.

"신축성만 좋은 게 아니라 시원하기까지 해요."

"그래?"

엄마는 바지를 만져 봤어요. 부드럽고 매끈했어요.

"이거 땀 차는 거 아니에요?"

엄마는 너무 부드러운 것이 걱정되었어요. 전에 부드러운 바지 샀다가 여름에 땀이 차서 고생한 기억이 떠올

랐거든요.

"아니에요. 통기성 좋은 기능성 원단이에요. 땀이 금방 배출되고 빨리 말라요. 올해 저희 주력 상품이라니까요."

점원은 매장 곳곳에 붙여 놓은 광고판을 가리켰어요. 스판 기능성, 통기성, 냉각 기능, 자외선 차단 등 온갖 좋은 말들이 가득했어요.

"아, 정말 좋네요. 어른 것도 있나요?"

"물론이죠."

엄마는 가족들 바지를 모두 같은 원단 제품으로 골랐어요. 더불어 점원의 추천을 받아 티셔츠부터 바지까지 한보따리 쇼핑을 했어요.

"시원하고 편하다. 땀 안 차겠지?"

아빠가 바지를 입어 보며 말했어요.

"티셔츠에는 자외선 차단 기능도 있지."

엄마가 티셔츠를 흔들어 보였어요.

"기능성 원단이구나."

"맞아요. 땀 배출이 잘 된대요. 그리고 엄청 편해요. 앉았다 일어났다 해도 하나도 안 불편해요."

용호는 점원이 했던 말을 그대로 늘어놓았어요.

다음 날 용호는 새 옷을 입고 학교에 갔어요. 편하고 시원했어요. 친구들한테 바지 정말 편하다고 자랑도 했어요.

하지만 정말 몰랐어요. 편하고 시원한 그 바지가 미세플라스틱을 만들어 낸다는 사실을요.

용호는 얼마 뒤 자신이 입은 옷이 플라스틱 옷이라는 것을 알게 됐어요. 그 옷에서 미세플라스틱이 나오는 것도 알게 됐지요.

다양한 플라스틱 섬유

옷 안쪽을 살펴보면 라벨이 붙어 있어요. 라벨에는 상품명과 치수 등이 적혀 있는데, 자세히 살펴보면 옷감의 종류도 표시되어 있어요. 옷감 종류에 '폴리' 자가 들어가는 것이 플라스틱 섬유로 만든 거예요. 폴리에스테르, 폴리우레탄 같은 것이지요. 하지만 '폴리' 표시가 없는 플라스틱 섬유도 많아요. 나일론, 아크릴, 스판덱스 등 우리가 입고 있는 수많은 옷들이 합성 섬유라 불리는 플라스틱 섬유로 만들어져요.

우리가 몰랐던 합성 섬유의 양면성

합성 섬유라 불리는 플라스틱 섬유는 우리 생활 깊숙이 들어와 있어요. 탄성이 좋은 스판덱스는 잘 늘어나 수영복이나 내복, 운동복 등에 많이 쓰여요. 아크릴은 보온성이 좋아 스웨터·내복 등에 많이 쓰이고, 나일론은 스타킹·블라우스·접착제까지 가장 널리 쓰이는 합성 섬유 중 하나예요. 발열, 방수, 방풍 등 기능성 제품이라고 선보이는 옷들은 모두 합성 섬유로 만든 거예요. 합성 섬유는 다양한 기능이 있어 우리에게 꼭 필요한 섬유로 자리 잡았어요. 하지만 세탁 등을 통해 떨어져 나간 미세플라스틱이 강과 바다를 오염시킨답니다.

플라스틱 옷 입지 않을 거야.

옷을 향기롭게 하는 미세플라스틱

"미세플라스틱은 생각보다 많은 곳에 있어. 세제 안에도 미세플라스틱이 있는 줄은 정말 몰랐어."
서현이가 조사한 내용을 발표했어요.
"섬유유연제, 표백제, 자동차 워셔액, 코팅제, 방향제, 탈취제, 화장품, 샴푸, 치약, 클렌징폼 등 엄청 많은 곳에 미세플라스틱이 사용되더라."
"치약에도 있다고?"
용호가 놀라 물었어요.
"어떤 샴푸에 있는데?"
머리가 긴 예지는 자신의 머리에 미세플라스틱이 남아 있는 것 같아 머리를 긁적였어요.
"치약에 왜 미세플라스틱이 들어가는 거야?"

"세정 효과가 좋대. 치아를 하얗게 만드는 데 도움을 준대."
"샴푸에는 왜 들어가?"
"샴푸나 클렌징폼 등의 세정 효과를 높여 준대."
"엄마가 여드름 날 때 됐다고 클렌징폼 쓰라고 했는데 걱정이다."
예지가 얼굴을 만지며 말했어요.
"걱정 마. 우리나라는 2017년 7월부터 화장품에 미세 플라스틱을 못 쓰게 했대."
"정말? 반가운 소식이네."
"섬유유연제는 세정하고는 상관없지 않나?"
현우가 서현이가 조사한 내용을 훑어보며 말했어요.
"섬유유연제는 향기 때문이래."
"향기?"
"응. 향기를 오래 유지하려고 미세플라스틱 캡슐 안에 향기를 집어넣는대."
"그럼 뭐야. 우리는 미세플라스틱으로 만든 옷을 입고, 미세플라스틱 향기를 뿌리고 다니는 거야?"
현우가 화가 난 듯 소리쳤어요.

"정말 문제가 심각하다."

아이들은 생활 가까이 들어와 있는 미세플라스틱의 존재에 다시 한번 놀랐어요.

미세플라스틱 섬유를 세탁할 때 미세플라스틱이 떨어져 나와 강과 바다를 오염시키는 것도 모자라, 세탁한 옷을 부드럽고 향기롭게 하기 위해 쓰는 섬유유연제에도 미세플라스틱이 들어 있으니 사람들이 평소에 얼마나 많은 미세플라스틱을 만들어 내는지 상상조차 할 수 없었어요.

"그래도 미세플라스틱 문제가 알려지면서 자발적으로 미세플라스틱을 사용하지 않는 업체가 많아지고 있대."

아이들은 그나마 다행이라고 생각했어요.

"미세플라스틱에 대해 알면 알수록 어른들의 동참이 꼭 필요하다는 생각이 들어."

"나도 마찬가지야. 섬유유연제, 표백제, 방향제, 워셔액, 코팅제 등 거의 어른들이 구입하는 제품들이잖아."

미세플라스틱 수사대원들은 어른들과 함께할 방법을 찾아야겠다고 생각했어요.

"우선 엄마, 아빠부터 우리 편으로 만들어야 해."

"맞아. 그래야 다른 가족들도 설득시킬 수 있어."

그날 저녁, 식사를 마친 아빠가 빨래를 걷었어요. 엄마와 아빠, 용호는 나란히 앉아 빨래를 갰어요.

"엄마, 섬유유연제 안 쓰면 빨래가 어떻게 돼요?"

"뻣뻣하지. 정전기도 발생하고."

"엄마, 섬유유연제에도 미세플라스틱이 들어 있는 게 있대요. 향기를 오래가게 하려고 미세플라스틱 캡슐 안에 향을 집어넣는대요."

"우리 집 섬유유연제는 그거 아니야. 엄마는 진한 향기 싫어하잖아."

"그럼 친환경 섬유유연제예요?"

"그건 아니고, 그냥 향이 연하고 좋은 것으로 샀는데."

"엄마, 친환경 섬유유연제 만드는 방법 없을까요? 화학 제품 안 들어간 거."

용호는 미세플라스틱이 없다고 해도 화학 제품 사용을 줄이는 것이 좋겠다는 생각이 들었어요. 화학 찌꺼기가 강물이니 바다 속 미세플라스틱과 만나서 화학 반응을 일으키면 또 다른 독성 물질을 만들 수도 있으니까요.

"있겠지. 같이 알아 보자."

엄마가 용호를 보며 웃었어요.

미세플라스틱 마이크로비즈

마이크로비즈는 처음부터 작게 만들어진 1차 미세플라스틱을 말해요. 치약이나 세안용품 같은 생활용품에 주로 쓰이는 마이크로비즈는 세정력을 높이기 위해 사용되어요. 하지만 미세플라스틱 문제의 심각성이 나타나면서 세계 각국에서 마이크로비즈의 사용을 제한하고 있어요.

세정 효과를 높이기 위해 들어간 미세플라스틱 알갱이

알고 나니 찜찜해.

치카치카

 미세플라스틱의 재앙을 막아라

2019년 1월 말 유럽연합은 미세플라스틱 사용 제한을 추진하는 법안을 발의했어요. 일부 화장품과 세정제에 대해 시행하던 미세플라스틱 사용 제한에서 각종 생활용품, 페인트·광택제 같은 건축용품, 농업용 비료 등 광범위하게 사용을 제한한다는 내용이 담겨 있어요. 우리나라도 2017년 7월 1일부터 사람 몸에 직접 닿는 화장품이나 치약, 샴푸, 클렌징폼 같은 제품에 미세플라스틱을 사용하지 못하게 규제하고 있어요. 2019년 11월 26일 환경부는 2021년부터 세정제와 세탁제 등에 미세플라스틱 사용을 금지하겠다고 발표했어요. 하지만 섬유유연제에 첨가되는 향기 캡슐은 대체제를 찾지 못했다는 이유로 규제 대상에서 제외됐어요.

식탁 위의 미세플라스틱

살금살금, 여기저기에 숨자.

"용호야, 간이 맞아?"

용호는 콩나물파무침을 오물오물 씹었어요.

"조금 싱거운 것 같은데요."

"그래? 그렇다면 소금 조금."

엄마가 소금 한 꼬집을 콩나물파무침에 넣고 다시 무쳤어요.

"이번에는 어때?"

"맛있어요. 딱 좋아요."

콩나물파무침을 완성한 엄마는 소금에 살짝 절여 두었던 배추에 양념을 시작했어요. 겉절이를 만드는 거예요.

"용호야, 간 좀 봐."

엄마가 이번에도 용호를 불렀어요.

"어때, 간 맞아?"

"맛있어요."

용호는 엄지를 치켜세웠어요.

"당신도 먹어 봐요."

엄마는 삼겹살을 굽고 있는 아빠에게 겉절이를 먹여 주었어요.

"음, 맛있어."

"아, 냄새 좋고."

용호는 지글지글 소리를 내며 노릇하게 구워지고 있는 삼겹살 냄새를 맡으며 활짝 웃었어요.

"아빠는 청국장 냄새가 더 좋다."

아빠는 뚝배기에서 보글보글 끓고 있는 청국장을 보며 흐뭇해했어요.

"참, 환기시켜야지."

음식을 조리할 때 미세먼지가 발생한다는 것을 알고 있는 용호는 주방과 베란다 창문을 열었어요.

엄마가 끓인 구수한 청국장과 아빠가 구운 쫄깃한 삼겹살이 식탁에 차려졌어요.

엄마는 상추에 삼겹살과 콩나물파무침, 쌈장을 얹어

맛있게 먹었어요. 아빠와 용호는 소금, 후추가 들어간 기름장에 삼겹살을 찍어 먹었어요.

"음, 고기는 언제 먹어도 맛있다니까."

용호가 고기를 씹으며 어깨춤을 췄어요.

"용호야, 겉절이도 먹어 봐."

"맞다. 엄마 겉절이는 정말 맛있어."

"청국장도 먹어 봐. 밥에 비벼 먹으면 얼마나 맛있다고."

아빠는 청국장에 비빈 밥으로 커다란 상추쌈을 만들어 먹방을 선보였어요.

"나도, 나도."

용호도 질세라 상추에 밥을 얹고, 삼겹살 두 점까지 얹어 주먹만 한 상추쌈을 만들어 입으로 가져갔어요.

"어, 너무 큰데."

엄마, 아빠가 웃으며 용호를 쳐다봤어요.

"우와, 우리 용호 대단하네!"

용호네 가족은 웃으며 즐겁게 식사를 했어요.

"물은 제가 떠다 드릴게요."

용호는 정수기에서 물을 받아 엄마와 아빠에게 가져다 주었어요.

"잘 먹었습니다."

용호네 가족은 서로에게 잘 먹었다고 인사했어요. 용호네 가족은 정말 잘 먹었을까요?

용호네 식사 모습은 보통 가정집의 식사 풍경일 거예요. 우리는 고기나 생선을 굽고, 나물이나 김치 등의 반찬을 먹으며 즐겁게 식사를 해요.

그런데 그거 아세요? 미세플라스틱이 우리 식탁까지 위협하고 있다는 사실 말예요.

플랑크톤의 먹이가 된 미세플라스틱

플랑크톤은 물속이나 물 위에 떠다니는 미생물이에요. 바다 생태계에서 가장 아래 단계에 속해 있는 플랑크톤은 바다에 떠다니는 미세플라스틱을 먹이인 줄 알고 먹어요.

미세플라스틱을 먹은 플랑크톤은 새우나 멸치 같은 작은 물고기의 먹이가 되고, 새우나 작은 물고기는 다시 큰 물고기의 먹이가 되지요. 그러는 사이 미세플라스틱은 분해되지 않고 물고기들 몸에 쌓이게 돼요.

결국 물고기를 먹은 사람들의 몸속까지 미세플라스틱이 들어오게 되지요.

사람 대변에서도 발견된 미세플라스틱

2018년 12월 오스트리아 환경청이 미세플라스틱에 대한 놀라운 연구 결과를 발표했어요. 핀란드, 영국, 이탈리아, 네덜란드, 폴란드, 러시아, 호주, 일본에 사는 남녀 8명의 대변

을 조사한 결과 8명 모두 대변에서 미세플라스틱이 발견됐어요. 평균 10그램 당 20개의 미세플라스틱이 대변에 들어 있었어요.

조사에 참여한 8명 모두 평소에 플라스틱 포장 용기에 든 식품이나 페트병에 든 음료, 해산물 등을 먹었다고 해요.

몸이 부서지고 있어….

야호, 맛있겠다!

바다에 버려진 쓰레기에서 미세플라스틱이 나와요.

플랑크톤이 미세플라스틱을 먹고, 물고기가 플랑크톤을 먹어요.

어부들이 물고기를 잡아서….

흡!

나는 미세플라스틱 똥이야.

미세플라스틱의 일부는 우리 몸속에 쌓이고, 똥으로 나오기도 해요.

우리는 생선구이를 맛있게 먹어요.

우주에서 온 생수

"아무 물이나 마시면 안 돼."

"알아요."

미세먼지 마스크를 쓴 용호는 엄마가 챙겨 준 생수를 가방에 넣고 학교로 향했어요. 용호뿐 아니라 많은 아이들이 마실 물을 챙겨 학교에 가요.

"물이 얼마나 남았지?"

엄마는 다용도실 문을 열었어요. 다용도실 한쪽 선반이 생수병으로 가득했어요.

"빨리 주문해야겠다."

엄마는 휴대전화로 온라인 쇼핑몰에 접속해 생수를 주문했어요.

엄마가 주문한 물은 화성에서 생산한 물이에요. 저 우

주 공간에 있는 화성, 태양으로부터 4번째 있는 그 화성 말이에요.

거짓말이라고요?

맞아요. 거짓말이에요. 누가 화성에서 생산한 물을 주문해 먹겠어요.

하지만 또 모르죠. 지금처럼 계속해서 미세플라스틱 문제가 심각해지면 화성에서 생산한 물을 찾게 될지도….

이 이야기는 용호가 지어 낸 거예요. 얼마 전 뉴스에서 수돗물에서도 미세플라스틱이 발견됐다는 이야기를 듣고 만들어 낸 이야기지요.

용호는 '우주에서 온 생수'라는 글을 써서 학교 신문에 냈어요. 거짓말 같은 용호의 글을 보고 아이들이 재미있다고 깔깔댔어요.

"우주에서 만든 생수를 사려면 돈이 얼마나 있어야 하는 거야?"

"생수 한 병에 백만 원씩 하는 거 아니야?"

"우리도 못 타 본 우주왕복선을 생수님께서 타고 오시는 거야. 하하하."

많은 아이들이 용호의 글에 코웃음을 쳤어요.

"너희들이 미세플라스틱 문제의 심각성을 몰라서 그래."

"맞아. 미세플라스틱의 문제점을 알면 그런 말 못 하지."

예지와 서현이가 나서서 말했어요.

"그렇다고 우주에서 만든 생수를 사 먹냐. 그게 말이 돼?"

"말도 안 되지. 완전 뻥이야, 뻥."

"너희들이야말로 무식한 소리 하지 마! 너희가 마시는 그 물에도 미세플라스틱이 들어 있을걸."

어느새 용호네 반 친구들까지 모여들어 급식실이 소란스러워졌어요. 방학 때 미세플라스틱 수사대의 편지를 받은 용호네 반 친구들은 이미 미세플라스틱에 대해 알고 있었거든요.

하지만 많은 친구들이 미세플라스틱의 심각성을 모르고 있었어요. 미세플라스틱이 뭔지 알지 못하는 친구들도 많았지요.

"미세먼지가 심각해지면서 깨끗한 공기를 담은 캔을 파는 회사도 생겼잖아. 그것도 예전에는 상상도 못 할 거짓말 같은 이야기였어."

"맞아. 옛날 사람들은 물을 돈 주고 사 먹는다는 것을 상상도 못 했을걸. 어디서나 깨끗한 물을 마실 수 있었을 테니까."

용호네 반 친구들의 말에 '우주에서 온 생수'를 놀리던 아이들이 대꾸를 하지 못했어요. 듣고 보니 맞는 말 같았거든요.

미세플라스틱 수사대원들은 기뻤어요. 적극적으로 미세플라스틱 문제의 심각성을 알리는 반 친구들을 보니 힘이 났어요.

"우리 릴레이 기고를 하자."

예지는 용호의 글에 이어서 새로운 이야기를 쓰자고 제안했어요.

"미세플라스틱의 문제점을 재미난 이야기로 풀어서 학교 신문에 계속 싣는 거야. 지금처럼 논란이 일도록 말이야. 화젯거리가 돼야 관심을 갖잖아."

미세플라스틱에 대한 릴레이 기고는 학교에 논란을 일으켰어요. 너무 지나치다는 부정적인 이야기도 있었지만, 플라스틱 줄이기에 함께 참여하고 싶다는 아이들도 많았어요. 부정적이든 긍정적이든, 이제 미세플라스틱이 무엇인지 학교 친구들 모두 알게 됐지요.

수돗물에도 미세플라스틱

　미세플라스틱은 바다에서만 발견되는 것이 아니에요. 땅에 흐르는 강에서도 미세플라스틱이 발견돼요. 미국 미네소타 연구팀이 미국, 영국, 인도 등 14개 국가의 159개 수돗물을 조사했어요. 그 결과 이탈리아를 제외한 13개국 수돗물에서 미세플라스틱을 찾아냈어요.

　수돗물은 대부분 강물을 취수원으로 하기 때문에 강물이 플라스틱에 오염되어 있다면 수돗물에서 미세플라스틱이 발견될 확률이 높아요.

　수돗물뿐만 아니라 지하수와 호수, 생수에서도 미세플라스틱이 발견되고 있어요. 지구 곳곳에 버려진 플라스틱이 육지, 바다를 가리지 않고 수많은 미세플라스틱을 만들고 있는 거예요.

해양 생물을 위협하는 플라스틱

바다에 버려진 플라스틱 쓰레기는 해양 생물들을 위협해요. 비닐봉지를 미역으로 알고 먹은 거북도 있고, 페트병 같은 플라스틱을 먹이로 알고 먹은 고래도 있어요. 물고기를 잡아먹는 갈매기나 알바트로스 같은 새들의 뱃속에서 빨대, 풍선, 병뚜껑, 비닐봉지 등 각종 플라스틱 쓰레기들이 발견되기도 해요.

먹지 않더라도 인간이 버린 플라스틱 쓰레기 때문에 고통스러워하는 동물들이 많아요. 바닷가에 버려진 그물에 몸이 걸린 거북이나 물범 같은 동물들이 발견되기도 했어요. 우리나라에서도 아귀의 위에서 500밀리리터 생수병이 발견되기도 했답니다.

미세먼지보다 무서운 미세플라스틱

"물 마시기 겁나."

"나는 엄마가 외국산 생수 사 줬어."

"우와!"

"여기에는 미세플라스틱 없을 거래."

"그래, 이름이 뭐야? 나도 사 달라고 해야지."

급식실에서 우주에서 온 생수 논란이 있은 후 몇몇 아이들이 외국산 생수를 들고 오기 시작했어요.

"뭔가 잘못됐는데."

"맞아. 잘못돼도 한참 잘못됐어."

미세플라스틱 수사대원들은 문제 해결 방법이 잘못된 방향으로 가고 있음을 알았어요.

"나만 아니면 된다는 거잖아."

"이게 아닌데. 모두 미세플라스틱 문제의 심각성을 알고 같이 해결해 나갈 방법을 찾아야 하는데."

"그 생수에 미세플라스틱이 없다고 장담할 수 있어? 외국산 생수에서도 미세플라스틱이 발견됐거든. 미세플라스틱은 우리나라만의 문제가 아니야. 전 세계적인 문제라고. 지구의 환경 문제."

외국산 생수를 자랑하는 친구 앞에 예지가 휴대전화를 내밀었어요. 휴대전화에는 세계 여러 나라의 생수에서 미세플라스틱이 검출됐다는 내용의 기사가 적혀 있었어요.

"어떻게 이럴 수 있지? 그럼 뭐 마셔? 이제 우리 죽는 거야?"

외국산 생수를 자랑했던 친구는 울상이 되었어요.

"걱정하지 마. 미세먼지처럼 함께 대처하면 돼."

예지가 친구를 다독였어요.

"어떻게? 미세먼지는 미세먼지 마스크로 가리면 되지만 미세플라스틱은 방법이 없잖아."

"맞아. 생수에서도 미세플라스틱이 발견됐다는 건 정수기도 미세플라스틱을 못 거른다는 거잖아."

"이제 물도 마음대로 못 마시는 거야?"

친구들이 생수병을 밀어내며 호들갑을 떨었어요.

"이것 봐. 조개나 새우, 생선 같은 해산물에서도 미세 플라스틱이 발견됐대."

"정말?"

아이들이 식판에 놓인 생선구이를 쳐다봤어요.

"그럼 여기에도?"

"소금에서도 나왔대."

"소금에서도?"

WWF(세계자연기금)의 자료에 의하면 우리는 일주일에 신용카드 한 장, 한 달이면 칫솔 한 개와 맞먹는 양의 미세플라스틱을 먹는다고 한다. 정말 심각하지?

"그럼 우린 뭐 먹어? 물도 못 마시고, 밥도 못 먹고, 먹을 게 아무것도 없는 거야?"

"무서워."

친구들은 미세먼지보다 미세플라스틱이 더 무섭다고 했어요.

"얘들아, 너무 무서워하지 마. 우리가 먹고 마시는 음식 속 미세플라스틱이 지금 당장 인체에 큰 영향을 미칠 만큼 많지는 않대."

"그래. 너무 걱정하지 마. 우리 함께 해결할 수 있어."

"어떻게?"

"나만 아니면 돼가 아니라 우리 함께 해결하자는 마음이면 돼."

"지금처럼 우리가 플라스틱을 마구 쓰고 버리면 미세플라스틱 문제는 더 심각해질 거야. 하지만 우리가 플라스틱 사용량을 줄이면 미세플라스틱 문제도 좋아질 거야."

"사람들이 미세먼지에 관심을 많이 가지니까 여러 가지 미세먼지 대책이 나오잖아. 미세플라스틱도 사람들의 관심을 받으면 너도나도 조심하고, 더 많은 해결 방법들이 나올 거야."

소금 속 미세플라스틱

　인천대학교 해양학과 교수팀과 그린피스가 전 세계 6개 대륙의 소금을 조사했어요. 6개 대륙 21개 나라에서 생산된 39개의 브랜드 소금을 조사한 결과 90퍼센트 이상에서 미세플라스틱이 발견됐어요.

　대부분의 소금은 바닷물을 이용해 만들어요. 때문에 바다가 오염되면 소금에서 미세플라스틱이 발견될 수밖에 없어요.

　아직은 아주 적은 양이라 괜찮다지만 계속 플라스틱 쓰레기를 만들어 낸다면 바다는 점점 오염되고, 소금 속 미세플라스틱의 양도 많아질 거예요.

바닷물을 이용해 소금을 만드는 모습

침묵의 살인자 미세플라스틱

　미세플라스틱뿐만 아니라 현미경으로도 관찰이 어려운 1마이크로미터 이하의 초미세플라스틱(나노플라스틱)도 있어요. 초미세먼지처럼 미세플라스틱도 크기가 작을수록 우리 몸에 더 잘 흡수될 수 있어요. 국내 연구팀이 열대어 제브라피시의 배아로 초미세플라스틱 실험을 한 결과 초미세플라스틱이 배아에 쌓이는 것은 물론이고, 배아의 세포 속 미토콘드리아를 미세하게 손상시키는 것을 확인했어요. 미토콘드리아는 세포의 소기관으로, 에너지 생산 공장이라 불리는 중요한 기관이에요.

　미세플라스틱의 크기가 작을수록 인체에 더 큰 위험이 될 수 있다는 연구 결과예요.

미세플라스틱이 궁금해 101

변화의 바람

　용호네 교실 앞 창가는 지저분해 보여요. 복도 창가에 손걸레들이 널려 있거든요.
　처음에는 몇 장 없었는데 날이 갈수록 손걸레 숫자가 많아졌어요.
　"여기에 왜 걸레가 널려 있나요? 보기 안 좋네요."
　다른 반 엄마들이 학교에 민원을 넣기도 했지만 용호네 반 친구들은 꿈쩍하지 않았어요. 그럴 때마다 용호네 반 친구들은 미세플라스틱의 위험성을 더 적극적으로 홍보했어요. 폴리에스테르로 된 물티슈를 사용하는 것보다 걸레를 사용하는 것이 더 아름다운 행동임을 말하는 거예요.
　"손걸레는 뭘로 만들었어?"

미세플라스틱 수사대의 행동에 먼저 반응한 것은 선생님이나 학부모들이 아니라 학생들이었어요.

"낡은 수건. 수건은 보통 식물 섬유로 만들거든."

학생들이 반응을 하자 선생님들도 손수건을 가지고 다니기로 했어요.

"사장님, 물티슈 대신 손 씻는 곳을 마련해 주시면 안 될까요?"

미세플라스틱 수사대원들은 마을 주변 식당들을 돌며 미세플라스틱의 위험성을 알렸어요.

"손 씻는 곳을 마련하려면 공사를 해야 하잖아. 안 돼."

"이 비좁은 식당에 손 씻는 곳을 어떻게 따로 둬. 그럴 자리 있으면 식탁 하나 더 놓겠다."

예상대로 반응은 썩 좋지 않았어요. 그래도 미세플라스틱 수사대원들은 계속해서 홍보 활동을 벌여 나갔어요.

"사장님, 식탁에 종이컵 놓지 마세요. 일회용이잖아요. 스테인리스로 된 컵으로 바꿔 주시면 안 돼요?"

"왜? 종이컵은 친환경이잖아. 플라스틱 컵도 아니고."

"종이컵에도 폴리에틸렌이라는 플라스틱 성분이 코팅되어 있어요. 재활용도 거의 안 되고, 소각되거나 매립되어 미세먼지나 미세플라스틱을 만들어 내요."

"그래? 종이컵에도 플라스틱 성분이 들어 있어?"

사장님은 깜짝 놀랐어요. 종이컵에 플라스틱 코팅이 되어 있을 거라고는 생각도 못했거든요.

"네."

"그래. 손 씻는 곳은 어려워도 스테인리스 컵으로 바꾸는 것은 생각해 보마."

"감사합니다."

미세플라스틱 수사대원들은 큰 소리로 감사의 인사를 했어요.

"아니다. 아직 바꾼 것도 아닌데…."

수사대원들의 인사에 사장님은 얼굴이 빨개졌어요.

"원래 변화는 이렇게 시작되는 거잖아요. 생각이 바뀌고 행동이 바뀌는 거. 꼭 스테인리스 컵으로 바꿔 주실 거라 믿어요!"

"알았다, 꼭 바꾸마."

수사대원들의 말에 사장님은 너털웃음을 지었어요.

미세플라스틱 수사대원들이 학교와 마을에서 미세플라스틱 줄이기 홍보 활동을 하고 있는 사이, 음료수 업체에서도 답장이 왔어요.

"당사에서 생산하고 있는 음료병 모두를 재활용이 쉬운 투명 플라스틱으로 바꾸고, 차츰 생분해성 용기로 대체해 나가겠습니다."

음료 업체에서 보내 온 편지를 읽자 아이들 모두 환호성을 질렀어요.

지금 당장 미세플라스틱이 사라지지는 않겠지만 조금씩 변화의 바람이 분다는 것이 기뻤어요.

"얘들아, 이웃 학교에서 미세플라스틱 강의를 해 달라는데 어떻게 할까?"

선생님이 들뜬 목소리로 말했어요.

"강의요? 누가 하는데요?"

"너희들."

"저희들이요?"

"그래. 미세플라스틱 수사대원인 너희들! 또래 친구들이 알려 주는 미세플라스틱의 위험성. 어때, 멋질 것 같지 않아?"

미세플라스틱 수사대보다 더 들뜬 선생님의 모습에 아이들은 웃음이 절로 났어요.

물티슈도 플라스틱

식당이나 가정에서 쉽게 쓰고 버리는 물티슈도 대부분 폴리에스테르라는 플라스틱 섬유로 만들어요. 재활용하지 못하는 플라스틱의 하나지요. 대부분 종량제 봉투에 버려져 소각돼요. 플라스틱이 태워지면 미세먼지를 발생시켜요. 땅에 매립된다고 해도 미세플라스틱으로 변하게 되지요. 또한 물티슈를 만드는 과정에서 방부제 역할을 위해 들어가는 화학 물질도 위험할 수 있으니 물티슈 사용을 줄이는 것이 좋아요.

플라스틱 섬유로 만들어진 물걸레 청소포

가장 많이 사용하는 소재 플라스틱

산업통상자원부에 따르면 2016년 기준 우리나라에서 가장 많이 사용한 소재는 플라스틱 같은 화학 소재였어요. 2019년 6월 12일 세계자연기금과 호주 뉴캐슬 대학이 조사해 발표한 자료에 따르면 사람들은 매주 평균 약 2,000개의 미세플라스틱을 섭취한다고 해요. 무게로는 5g 정도 되는데, 플라스틱 사용을 줄이지 않으면 그 양은 점점 늘어날 거예요. 편리성과 경제성 때문에 금속이나 나무 등을 대체한 플라스틱 소재를 이제 다시 금속이나 나무 등 친환경 소재로 대체해야 할 때가 된 거예요.

함께해서 좋은 날

　아이들의 미세플라스틱 수사대 참여는 어른들에게도 조금씩 변화를 가져오기 시작했어요.
　"알고 봤더니 아크릴 수세미가 미세플라스틱을 만든다고 하더라고요."
　"그러니까요. 친환경이라고 생각하고 사용한 건데, 아니었더라고요."
　엄마, 아빠 들이 둘러앉아 그동안 몰랐던 미세플라스틱에 대해 이야기를 나눴어요.
　"플라스틱이라고 하면 페트병이나 반찬통, 장난감 정도만 생각했는데 우리가 입고 다니는 옷에도, 수세미에도 플라스틱이 들어 있는지 정말 몰랐어요."
　"맞아요. 아이들이 아니었다면 계속 사용했을 거예요.

우리 아이들 참 대견해요!"

엄마, 아빠 들은 아이들을 칭찬하며 각자 가져온 텀블러에 담긴 음료를 마셨어요.

"오늘은 마끈을 이용해서 수세미를 만들어 볼 거예요."

"마끈도 천연 제품이에요?"

"네. 피나무과의 여러해살이풀에서 나온 줄기를 이용해 만들었대요."

"예전에 마끈 공예 한참 유행이었는데."

"우리가 그 유행 다시 한번 살려 봐요. 이번에는 미세 플라스틱 줄이는 목적으로 말이에요."

"좋아요!"

엄마들은 마끈으로 네모난 친환경 수세미를 만들었어요. 하지만 아빠들은 뜨개질이 처음이라 힘들었어요.

"주변 분들한테 마끈으로 만든 수세미를 나눠 주며 미세플라스틱의 문제점을 알려 주는 거 어떨까요?"

엄마들은 이웃들에게 나눠 줄 마끈 수세미를 가득 만들었어요. 아빠들도 조금씩 속도가 붙었어요.

"오늘 만든 수세미를 그냥 나눠 주지 말고 각자 누리 소통망에 올려서 홍보합시다."

"그래요, 사람들이 호응할 수 있게. 그래야 유행이 되고 더 많은 사람들이 미세플라스틱 줄이기에 앞장설 거 아니겠어요?"

엄마, 아빠 들은 몇 시간 동안이나 한 자리에 앉아서 마끈 수세미를 만들었어요.

"다음 시간에는 뭐 할까요?"

미세플라스틱 수사대원이 된 엄마, 아빠 들은 매주 정기적으로 모이기로 했어요.

"거즈 손수건 만들기 어때요? 우리가 물티슈 사용 줄이기로 했잖아요. 물티슈 대신 거즈 손수건 사용하는 거 어때요?"

"기회가 되면 제가 원목 도마나 쟁반 만드는 법 알려 드릴게요."

"저도 목공예 좀 해요. 같이 해요."

엄마들에게 질세라 목공예 취미가 있던 아빠들도 적극 나섰어요.

"저는 농사가 취미인데 수경 재배 알려 드릴까요?"

"어머, 농사가 취미인 분도 있어요?"

"우리 남편이 작년부터 수경 재배에 푹 빠져 있거든요.

웬만한 채소는 집에서 다 재배해 먹어요."

"어머, 그런 게 있으면 진작 알려 주시지."

"집에서 채소를 길러 먹으면 비닐 포장 같은 게 줄지 않을까요? 친환경적이고."

"그러네요. 마트에 가면 채소들이 거의 비닐로 포장되어 있잖아요."

"우리 할 거 많네요!"

엄마, 아빠 들은 즐겁게 웃었어요.

 **파이로플라스틱(pyroplastic)**

영국 플리머스대학 연구진이 콘월 주 휘트샌드 해변에서 조약돌처럼 생긴 플라스틱을 발견했어요. 눈으로 봐서는 해변에 널린 조약돌과 다름이 없었지만 성분을 조사해 보니 폴리에틸렌과 폴리프로필렌 등으로 이루어진 플라스틱 조각이었어요. 자외선과 파도 등으로 인한 풍화 작용으로 플라스틱이 오랜 시간 해안가에 버려져 있으면서 모서리가 둥글게 깎여 마치 조약돌처럼 변한 것이지요.

 **티백에도 미세플라스틱**

녹차나 메밀차 등 편리하게 마시는 티백에도 플라스틱 성분이 들어 있어요. 2019년 9월 25일 캐나다 맥길 대학교 연구진은 티백 하나에서 116억 개의 미세플라스틱과 31억

개의 나노플라스틱 조각이 발생했다고 발표했어요. 이유는 찻잎을 담고 있는 티백이 폴리프로필렌이라는 플라스틱 섬유로 만들어졌거나, 폴리에틸렌 코팅이 되어 있기 때문이에요. 100퍼센트 종이 티백으로 만들어진 것은 괜찮지만, 폴리프로필렌이 포함된 제품은 찻물과 함께 미세플라스틱이 방출되는 것이지요.

폴리에틸렌 성분이 있는 티백 여과지

우리 모두 미세플라스틱 수사대

　쓰레기 탐정단이라는 놀림을 받으며 시작한 미세플라스틱 수사대는 어느새 반 전체가 수사대원이 될 정도로 커졌어요.

　학교에서도 유명세가 더해져 몇 학년 몇 반보다 미세플라스틱 수사대반 또는 미플반 등으로 불리게 됐어요. 언론에도 소개되어 여러 학교가 미세플라스틱 줄이기에 동참하는 계기가 되기도 했어요.

　그렇게 반 아이들 모두가 동참하며 미세플라스틱 수사대 활동을 펼쳐 나가다 보니 어느덧 학년을 마칠 때가 되었어요.

　"우리는 미플반이잖아."

　"그렇지. 아름다운 사람들이지."

아이들은 미플반이라 불리는 것을 좋아했어요. 미플반이라는 말은 미세플라스틱 수사대의 줄임말이기도 하지만 아름다울 미(美)와 사람들을 뜻하는 피플(people)의 플이 합쳐진 말이기도 했으니까요.

"며칠 뒤면 겨울방학인데 이대로 헤어지면 안 되겠지?"

겨울방학을 앞둔 미플반 아이들은 긴 겨울방학 동안 미세플라스틱 줄이기 활동을 어떻게 펼쳐 나갈지 의논하기 위해 학급 회의를 열었어요.

"미세플라스틱을 줄이려면 우선 플라스틱부터 줄여야 해."

"우리가 생활 속에서 플라스틱을 줄이는 방법은, 플라스틱 사용량을 줄이는 것과 플라스틱을 재활용할 수 있게 만드는 거라고 생각해."

"맞아. 우리가 당장 어떤 기술을 개발할 수는 없어. 하지만 미세플라스틱이 얼마나 위험한지 사람들에게 알리고, 플라스틱 같은 자원을 어떻게 활용해야 하는지 알리는 것은 할 수 있을 거야."

"미세플라스틱 문제를 우리만 알고 있는 것보다 더 많은 사람들이 알고 미세플라스틱 줄이기에 함께한다면 더 많은 해결 방법을 찾을 수 있을 거야."

아이들은 서로의 의견을 말했어요. 더 많은 사람들이 미세플라스틱 줄이기에 동참하도록 만들자는 의견이 많았지요.

"이번 겨울방학 동안 나는 '엄마의 손맛' 캠페인을 펼칠 거야."

"엄마의 손맛?"

"응. 엄마들이 음식을 할 때 비닐장갑 많이 쓰잖아. 그런데 옛날에는 비닐장갑 안 썼대. 우리 할머니는 지금도 맨손으로 나물 무치시더라고."

"맞아. 우리 할머니도 맨손으로 하셔."

"위생적으로 문제가 있지 않을까?"

"아니야. 할머니 음식 먹고 배탈 난 적 없어. 손을 깨끗이 씻고 하면 돼."

"맞아. 나도 배탈 안 났어."

"그래서 '엄마의 손맛' 캠페인을 벌이려는 거야. 비닐장갑 사용을 줄이자는 내용이지."

"좋다. 완전 좋아!"

"나는 굴껍질을 말릴 거야."

"굴껍질은 왜?"

"겨울에 굴 많이 먹잖아. 굴껍질 말리면 천연 방향제가 되잖아. 아빠 차에 화학 방향제 대신 달려고."

"나는 분리배출 영상을 만들어 볼까 해. 분리배출을 잘해야 플라스틱 재활용률이 높아지고 미세플라스틱 줄이는 데 도움이 되잖아."

"그것도 좋다. 말로 설명하는 것보다 영상이 효과적일 수 있어."

"나는 학용품을 정리할 거야. 새 학년 올라갈 때마다 새로운 학용품들 많이 사잖아. 이번에는 학용품들 정리해서 사용하려고."

"맞아. 색연필, 크레파스, 사인펜 등 브랜드가 다르면 왠지 짝이 안 맞는 것 같아 새로 사곤 했는데."

"그래서 이번에는 브랜드가 다르고, 크기가 달라도 새로 사지 않으려고. 있는 것 모아서 쓸 거야."

"나는 쓰다 남은 공책 모아서 연습장 만들 거야."

"그것도 좋다. 우리 반 정말 아이디어 많네!"

아이들은 서로의 의견을 칭찬하며 더 많은 사람들이 미세플라스틱 수사대가 되기를, 미플이 되기를 바랐어요.

미세먼지 속 미세플라스틱

　국제자연보호연맹(IUCN)에 따르면 미세플라스틱 발생량의 96.3퍼센트가 육상에서 만들어진 거래요. 그중 합성 섬유 세탁 시 가장 많은 미세플라스틱이 발생하고, 다음으로 타이어 분진 그리고 도로·선박·간판 등에 사용되는 각종 페인트와 코팅 제품들에서도 미세플라스틱이 발생해요. 이런 미세플라스틱은 공기 중에 떠다니기도 해요. 영국과 프랑스 과학자들이 공동 연구를 통해 대기 샘플을 분석한 결과 공기 중에서 미세플라스틱이 발견됐어요. 미세먼지처럼 잘게 쪼개진 미세플라스틱이 공기 중에 떠올라 호흡기를 통해 우리 몸속에 들어올 수 있는 것이지요.

생분해성 플라스틱

　생분해성 플라스틱은 식물이나 해조류 등에서 추출한 원료를 이용해 만든 플라스틱이에요. 500년 넘도록 썩지 않고

잘게 쪼개지며 미세플라스틱을 만들어 내는 플라스틱과 달리 미생물에 의해 자연 분해되지요. 옥수수, 사탕수수, 선인장, 아보카도 씨, 생선껍질 등 다양한 자원이 생분해성 플라스틱의 소재로 사용되고 있어요.

더 궁금한 이야기

세계는 지금 필(必)환경 시대

전 세계 바다에 미세플라스틱이 5조 개 이상 떠다니고 있고, 소금부터 물고기·생수와 수돗물에서까지 미세플라스틱이 검출되고 있어요.

대기 중에는 미세먼지와 미세플라스틱이 떠다니고 있어요. 인류는 숨을 쉬는 것만으로도 건강에 위협을 받는 시대에 살고 있어요.

그래서 세계는 지금 필(必)환경을 외치고 있어요.

예전에는 친환경을 외쳤지만 지금은 필환경이 되어야 하는 거예요.

친(親)환경이란?

친(親)환경의 친(親)은 '친할 친' 자예요. 환경에 해롭지 않은 소비를 하자는 의미를 담고 있어요.

친환경은 농약이나 환경호르몬·중금속 등 유해 물질 등이 없는 제품을 소비하는 형태로, 개인별로 이어져 왔어요.

필(必)환경이란?

필(必)환경의 필(必)은 '반드시 필' 자예요. 건강을 위해 생명을 지키기 위해 반드시 환경을 지켜야 한다는 의미를 담고 있어요.

친환경이 환경 친화적 소비라면 필환경은 생산부터 소비까지 반드시 환경을 먼저 생각해야 한다는 거예요. 개인 선택의 문제가 아니라 우리 모두가 반드시, 꼭 환경을 지켜 내야 한다는 의미예요.

제로 웨이스트(zero waste)

'쓰레기 제로'라는 뜻의 제로 웨이스트는 쓰레기를 최소화하자는 운동이에요. 어쩔 수 없이 발생된 쓰레기도 재활용해서 쓰레기 없는 세상을 만들자는 의미지요.

리사이클링(recycling)

버려진 제품을 재생, 재사용하는 재활용을 뜻해요. 공병 재활용 같은 것이 리사이클링이에요.

업사이클링(upcycling)

리사이클링보다 한 단계 더 나아가 재활용 제품을 새로운 제품으로 만드는 것을 말해요. 버려진 현수막이 쇼핑백이나 장바구니 같은 것으로 새롭게 만들어지는 것이 업사이클링이에요.

프리사이클링(precycling)

프리사이클링은 소비 후 재활용하는 리사이클링이나 업사이클링보다 한 단계 더 나아가 구매 단계부터 미리 소비 후 문제를

생각하자는 의미로, 애초에 쓰레기를 만들지 말자는 뜻을 담고 있어요.

구매 단계부터 제품의 재활용 가능성을 미리 따져 일회용 제품이나 과대 포장된 제품, 재활용 어려운 용기에 담긴 제품을 구매하지 않는 운동이에요.

켐사이클링(chemcycling)

켐사이클링은 화학적 재활용(Chemical Cycling)의 줄임말로, 독일 화학 회사 바스프가 만든 말이에요.

폐플라스틱 활용 방법 중 하나가 폐플라스틱을 녹여 재생 플라스틱을 만드는 거예요. 하지만 이물질이나 색소가 많이 들어 있는 경우 그것들을 제거하는 비용이 많이 들어 재활용률이 떨어져요. 우리가 분리배출을 잘해도 폐플라스틱 재활용이 힘든 거예요.

켐사이클링은 이런 문제점을 해결하자는 운동으로, 폐플라스틱을 플라스틱으로 재생하는 것이 아니라 오일이나 가스 같은 원료 형태로 만들어 내는 것을 말해요. 원료 형태로 추출했기 때문에 다시 다양한 색상과 형태의 플라스틱으로 얼마든지 만들어 낼

수 있고, 그것들이 폐플라스틱이 됐을 때 켐사이클링 방법을 통해 원료 형태로 다시 만들어 순환 경제를 실천할 수 있어요.

바이오플라스틱(bioplastic)

미생물에서 추출한 원료로 만들어진 플라스틱을 말해요. 자연에서 미생물 등에 의해 분해되어 생분해성 플라스틱이라고 불려요. 바다 조류, 새우, 옥수수, 아보카도 같은 여러 식물에서 바이오플라스틱이 만들어지고 있어요.

포장 없는 가게

독일에는 포장 없는 슈퍼마켓이 있어요. 그곳에는 밀가루부터 샴푸와 치약까지 400여 종류의 상품들이 커다란 통이나 용기에 담겨 있어요. 소비자들은 미리 준비해 간 용기에 필요한 양만큼 담아 오면 돼요. 낱개 포장되어 있는 우리나라와 달리 원하는 양만큼 덜어 오는 거예요. 그래서 불필요한 포장이 생기지 않고, 포장 쓰레기가 발생하지 않아요.

미세플라스틱 없는 스크럽

　세안이나 양치, 목욕할 때 사용하는 제품들에 미세플라스틱이 들어 있는 경우가 있었어요. 세정 효과를 높이기 위해 미세플라스틱을 첨가한 것이지요. 지금은 미세플라스틱을 사용하지 못하게 규제하고 있어요. 미세플라스틱 없이 세정 효과를 높이려면 천연 재료를 사용하면 돼요.

　소금, 설탕, 커피 찌꺼기처럼 주변에서 쉽게 구할 수 있는 재료들이 각질 제거에도 좋고 피부도 맑게 해 주는 천연 스크럽이지요.

비닐팩 대신 종이봉투

　간식 포장이나 수업 재료 등을 담을 때 비닐팩 대신 종이봉투를 사용해요.

플라스틱 빨대 대신 다회용 빨대

　플라스틱 빨대 대신 종이 빨대 사용이 늘고 있어요. 종이 빨대도 좋지만 종이 빨대도 일회용 빨대이므로, 스테인리스나 나무 등으로 만든 다회용 빨대를 사용해요.

장바구니 속 식품 용기

비닐봉지를 줄이기 위해 장바구니를 들고 다니는 사람이 많아졌어요. 이제 장바구니 속에 식품 용기도 같이 들고 다녀요. 비닐

봉지 사용을 규제했지만 육류나 생선 등은 여전히 비닐봉지에 담아요. 집에서 사용하는 식품 용기를 가져가면 비닐봉지를 사용하지 않고 육류나 생선을 포장해 올 수 있어요.

배달 음식 속 일회용품 줄이기

배달 음식을 주문할 때 나무젓가락, 플라스틱 빨대, 플라스틱 숟가락 등을 빼고 주문하여 조금이라도 일회용품 사용을 줄여요.

미세플라스틱 없는 천연 방향제

방향제, 코팅제, 섬유유연제 등 생활 속에는 각종 생활화학용품이 가득해요. 이런 생활화학용품에도 미세플라스틱이 들어 있어요. 화학 방향제 대신 커피 찌꺼기나 녹차 찌꺼기, 과일 껍질, 꽃잎 등을 잘 말리면 냄새 제거는 물론 곰팡이 제거에도 좋은 천연 방향제가 돼요.

개인 컵 가지고 다니기

개인 컵을 가지고 다니면 종이컵 같은 일회용품 사용을 줄일 수 있어요. 플라스틱 없는 삶을 실천하는 사람들은 개인 컵뿐만 아니라 식판과 숟가락, 포크 같은 것을 가지고 다니기도 해요. 시장 같은 곳에서 시식을 한다거나 음식을 사 먹을 때 일회용품을 쓰지 않기 위해서지요.

천연 껌을 씹어요

우리가 맛있게 씹는 껌 속에도 플라스틱 성분이 들어 있어요. 껌의 원재료명을 보면 '껌베이스'라는 것이 적혀 있어요. 껌베이스의 주 원료는 '초산비닐수지'로, 접착제나 페인트·인쇄용 잉크 등에 쓰이는 합성수지예요. 플라스틱의 한 종류인 것이지요.

영국의 검드롭(GumDrop)이란 회사는 버려진 껌을 이용해 운동화 밑창, 빗, 숟가락, 기타 피크 등 다양한 플라스틱 제품을 만들어 냈어요. 버려진 껌도 플라스틱이기 때문에 가능한 일이었어요. 초산비닐수지가 암을 유발한다는 얘기도 있지만 아직까지 인체 어느 곳에 어떤 질병을 일으키는지 정확한 연구 결과는 없어요. 하지만 버려진 껌에도 플라스틱이 들어 있어서 지구 환경에 좋지 않다는 것은 확실하지요.

친환경 소재를 찾아요

물건을 살 때부터 친환경 소재를 찾아요. 옷을 살 때는 합성 섬유 대신 면 같은 식물 섬유로 만들어진 것을 골라요. 컵이나 그릇 등을 살 때도 나무나 유리, 스테인리스 등 친환경 소재로 만든 제품을 골라요.

물티슈 대신 손 씻기를 해요

음식점에 가면 식사 전에 일회용 물티슈를 줘요. 물티슈는 대부분 폴리에스테르라는 플라스틱 섬유로 만들어져요. 플라스틱 사용을 줄이기 위해 물티슈를 사용하는 대신 손 씻기를 실천해요.

스테인리스 팬을 사용해요

주방에서 흔히 사용하는 냄비나 프라이팬 등에 불소 수지 등으로 플라스틱 코팅된 제품들이 많아요. 이런 제품들은 조리 중 플라스틱 성분이나 환경호르몬을 배출하여 인체에 해로워요. 그러므로 코팅된 프라이팬이나 냄비보다는 스테인리스 팬과 냄비를 사용하도록 해요.

랩, 일회용 비닐봉투 사용을 줄여요

당근, 호박 같은 남은 식재료나 음식들은 비닐봉투에 담거나 랩을 씌워 보관해요. 하지만 랩과 비닐봉투도 플라스틱의 한 종류이므로, 유리나 스테인리스 등으로 만든 식품 보관 용기에 보관해요.

플라스틱 도마를 사용하지 않아요

플라스틱 도마는 가벼워서 사용하기 편해요. 하지만 칼질을 하면 도마에 홈이 파이며 미세플라스틱을 발생시켜요. 그러므로 나무나 유리, 스테인리스 등 천연 재료로 만든 도마를 사용하는 것이 바람직해요.

학용품을 아껴 써요

필통부터 가방까지 대부분의 학용품에 플라스틱 성분이 들어 있어요. 연필에도 알록달록 그림이 그려져 있고, 가방도 플라스틱 섬유로 만들어졌어요. 학용품을 함부로 쓰고 버리는 것은 새로운 플라스틱 쓰레기를 만들어 내는 것이나 다름없어요.

건강한 놀이를 해요

플라스틱으로 만든 장난감은 환경호르몬 등 인체에 유해한 물질을 만들어 내요. 유해 물질이 없다고 해도 버려지면 미세플라스틱을 만들어 내지요. 플라스틱으로 만든 장난감보다 나무나 천으로 만든 장난감을 선택해 보는 건 어떨까요? 비석치기, 사방치기, 윷놀이처럼 전래 놀이를 즐겨 보는 것도 좋아요. 가족, 친구들과 즐길 수 있는 건강한 놀이를 찾아 봐요.

강진만 주변의 바다 쓰레기와 생활 쓰레기를 모아 만든 것으로 아직 완성되지 않았다. 누구든 버려진 플라스틱이나 가지고 있는 플라스틱으로 빈 곳을 채울 수 있다.

올바른 분리배출 방법

종 류	품 목	배출 요령
종 이	종이팩	내용물 비우고 물로 헹군 후 말려서 압착하여 배출
	책, 신문지, 상자	반듯하게 펴서 차곡차곡 쌓거나 묶어서 배출
	노트	비닐 코팅된 표지, 스프링 등 제거 후 배출
	종이컵	내용물 비우고 물로 헹군 후 압착하여 모아서 배출
유리병	음료수 병, 기타 병류	병뚜껑 분리 후 내용물 비우고 배출
금속 캔	철 캔, 알루미늄 캔	내용물 비우고 압착하여 배출
	기타 캔류 (부탄 가스, 살충제 용기 등)	구멍 뚫어 내용물 비운 후 배출

종 류	품 목	배출 요령
합성 수지	PET, PVC, PE, PP, PS, PSP 같은 용기 및 포장재	내용물 깨끗이 씻어 비우고 다른 재질 뚜껑, 부착 상표 등 분리 후 배출
	일회용 비닐 봉투	흩날리지 않도록 배출 음식물 등 이물질 묻은 일회용 봉투 배출 불가
	스티로폼 완충재	내용물 깨끗이 씻어 비우고 부착 상표 제거 후 배출
전지류	수은, 산화은, 니켈, 카드늄 등 전지	전지를 제품에서 분리하여 배출 전지 전용 수거함이나 전용 장소, 전용 수거일에 배출
형광등	형광등	전용 수거함에 배출
소형 가전	휴대전화, 카메라, 믹서기, 게임기, 헤어드라이기 등	지자체별 소형 가전제품 분리수거함에 배출
대형 가전	TV, 냉장고, 세탁기, 에어컨, 컴퓨터, 선풍기 등	폐전자제품 무상 방문 수거를 통해 회수

환경부 「재활용 가능 자원의 분리수거 등에 관한 지침」

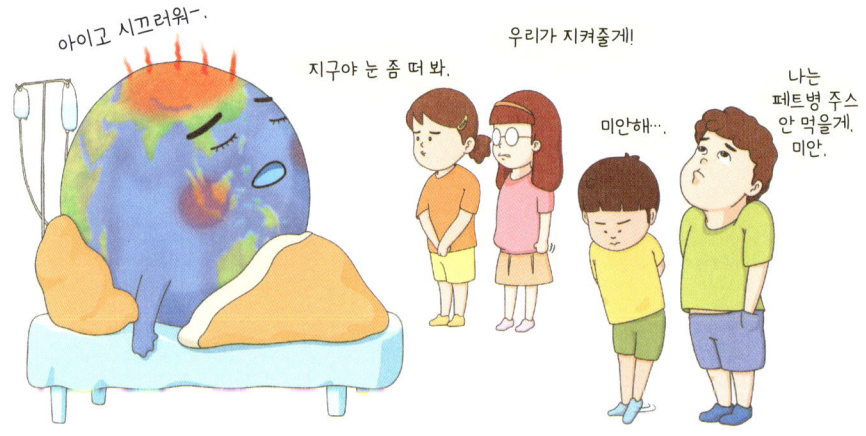

※ 독후활동 자료 제공
　본 책의 독후활동 자료(데이터)를 활용할 수 있습니다.
　자료 신청:031-903-7684(편집부)

여기는 탐사대.
2519년, 치-익-.
지구는, 삐-익-.
몰라보게 깨끗해졌다.
오버.